だいわ文庫

天才の読み方

究極の元気術

齋藤 孝

大和書房

プロローグ　天才に何を学ぶか

天才とは「上達の達人」である

本書の目的は、天才というものすごくおもしろい人物たちの話を楽しみながら、現実の自分の人生に役立つポイントを一つでも学ぶことです。

私たちは「天才」という言葉に非常に弱い。それは、天才が私たち普通の人間にはないものを持っていると思い込んでいるからです。私たちは天才の中に、自分たちにはないものを夢見、憧《あこが》れるのです。

私たちが抱く天才のイメージは、才能に満ちあふれていて、何の苦労をしなくても、何となく素晴らしいことができてしまうというものです。

しかし現実の天才とは、夢見るように自分の仕事をしているわけではありません。**非常に明晰《めいせき》な意識を持って課題に取り組んで、自分自身を意識的に伸ばしているの**です。**具体的な工夫を徹底的に積み重ねて自分のスタイルをつくり上げ、それぞれの世界で何とか生き抜こうと必死にやってきた**結果が、外から見ると巨大な仕事をしてきたように見えるのです。

それらの工夫をすべてやりこなそうとすれば、それは非常にむずかしく、たしかに天才にしかできないかもしれません。ただ、その一つ一つの工夫を取り上げてみると、私たちが盗む——学ぶことのできるところも多く、その中のいくつかのポイントならまねることはできるのです。

最近、若い人と話していると、自分は天才だと思い込もうとしている人もいますし、そう公言する人もいます。学生たちのなかにも「俺は天才だ！　天下を取ってやる」とレポートに書く者もいますが、その前に「頼むから天下より先に単位を取ってくれ」と声をかけたくなるほど、具体的な工夫、具体的な努力に欠けています。**具体的な努力をしないことを、天才の指標《しひょう》としたがる人が多い**ことがこんな身近な例からもよくわかります。

天才願望というのは、天才たちから具体的な工夫を盗むことを抜きにしてしまうと、非常に不毛なものになってしまいます。

また、狂気と天才を結びつけて考えようとする傾向も強いようですが、私はその考え方には基本的に反対です。天才も人間ですから多少おかしなところもあるでしょう。あるいは狂気を持っていることがあるかもしれません。だからといって狂気が天才の特徴ではありません。逆に、非常に**明晰な上達の意識**を持っているからこそ、天才になりえたのです。

それは、本書で取り上げている四人の天才を見ていただければ、よくわかると思います。どの人物も自分がやっていることに対してきわめて意識的です。自分がいまどの世界のどういうポジションにいて、いま何をしているのかを明晰にわかっていて、きちんと説明できる、そういう認識力を持った人たちなのです。

私は本書において、天才を、才能があるから何の苦労もせずに大きなことをなしとげた人、あるいは突発的に何かを思いつく「変人」というイメージから解放して、**さまざまな工夫をやりとげた「上達の達人」**と定義し直しています。そのことによって、**天才は私たちにとって学ぶべきものの宝庫**になります。

誰かを天才に祭り上げてしまい、そのことで自らの具体的な努力を怠《おこた》るというような弱いメンタリティは捨て去りましょう。私は、上達の達人である天才たちから、一つでも二つでも、しっかりとその技《わざ》を盗む、学ぶという積極的な姿勢こそ大切だと思っています。

人生を上手《うま》く生きるコツ

私は、人が生きていく上で一番大切なことは、**自分のスタイルをつくっていく**ことだと思っています。それはまた、自分が生きている証《あかし》でもあります。

天才たちは明確な仕事のスタイルを持ち、またそのことを通して、確固たる生き方のスタイルを持っています。ですから天才たちの生き方を見ることで、自分のスタイルをあらためて見直すことが重要だと思います。

人は、ただ何となく才能がある、多芸であるというのではなくて、自分自身の一貫したやり方——スタイルを持つことによって、燃えるような自分の存在感を感じることができます。そして自分に対して肯定的になれます。自分の生まれ持った体つき、生まれ持った脳の働き方の癖《くせ》、自分の好き嫌いの傾向といったものすべてを包み込んでトータルに、**自分という存在、自分の人生を肯定できること——それがまさに人生を上手く生きるコツ**なのです。

すべてを包み込んだ自分のスタイルがあると、人生がこれまでよりもずっと積極的な意味を持ってきます。そのスタイルが「**自己肯定の回路**」です。天才たちは、すばらしく性能がよい「自己肯定の回路」を持っているのです。

たとえば**シャネル**は、孤児院出身で非常に辛《つら》い生《お》い立《た》ちの持ち主です。彼女は、そのことを個人的な復讐《ふくしゅう》心に変えるのではなくて、標的を上流階級のファッションという大きなものに変えて挑戦しました。そして社会に新しいライフスタイルを提示する、という自分のスタイルをつくっていきました。

普通の人は、社会を大きく変革するところまでは行かないかもしれません。しかし、自分がいままでやってきたことは、どういうスタイルでやってきたのか、これからやろうとしていることは、どういうスタイルでやろうとしているのか、という明確な意識を持つことは、とても大切なことです。

自分に才能が有るか無いかよりも、**具体的な工夫を積み重ねることができるかどうか、自分のスタイルというものをつくっていく意識を強く持っているかどうか**こそが、生きる上では重要な意味を持っているのです。

天才は一〇〇年単位で生きている

また、天才は**自分が生きている時代がどういう時代かを認識する力に優れていて、その中で自分がどういう課題を背負っているかを、非常に的確にとらえて**います。ですから、その後の時代の私たちが直面するような問題意識は、彼らの中にすでにあることが多いのです。

たとえば、夏目《なつめ》漱石《そうせき》です。彼は近代化していく日本の中で、どのように自我を持ったらいいのか、日本語とはどうあるべきなのかという問題などに正面から取り組みました。この問題は現代の私たちも抱え込んでいるからこそ、彼の作品はいまでも読まれているのです。

ラッキーなことに漱石がすでに私たちの代わりにいろいろな問題をとことん突きつめて考えてくれています。私たちは、その肩の上に乗って、さらに遠くを見ることができます。

天才とは、多くの課題、私たちが持っているような課題を集約的に抱え込んでいる存在と見ることができます。しかも時代を先取りしているので、多少は古い人物でも、現在も「同じ課題があるな」と思わせてくれることが多いのです。

たとえば、**宮沢賢治**《みやざわけんじ》のように問題意識の大きい人の場合は、彼が直面した問題、たとえば生きる意味だとかエコロジーといったものは、現代に生きる私たちにも重くのしかかってきています。

シャネルも、自分が歴史上のどういう地点にいるのか明晰な意識を持っていました。一九世紀的な装飾過多のゴテゴテした服装から自由に活動できるファッションへ、シンプルなものへという流れの中に自分はいる。そしてそれは向こう一〇〇年続くであろう、という意識を持ってやっていたわけです。ですから、現代の日本においても、シャネルのしたシンプルに生きる、活動的に生きるとはどういうことかを考えた時、シャネルのしたことには基本的なところで共通認識が持てます。

それが、**天才が時代を先取りしていることでもあり、時間意識が長い**ということです。五年、一〇年単位で生きているのではなくて、一〇〇年ぐらいの時間意識でこの人物たちは生きています。これがスパンの短い人物だと、その人が抱えた課題は、五年、一〇年の期間で解けてしまいます。

現在の自分に、そのまま選んで学んで応用できる素材としては、自分よりちょっと上のそこそこの人物よりは、むしろ徹底した大物の方が適しているという理由は、こういう点にもあるのです。

自分が生きている充実感を得たいという願いにおいては、若い人も御高齢の方も変わりはないでしょう。若い人たちや、いま現在、働き盛りの方には、天才の上達の技を一つでも学んでもらい、自分の上達の糧《かて》にしていただきたいと思います。

また、御高齢の方には、自分のこれまでやってきたことを振り返ってみて、自分は無意識にいろいろな工夫をしてきたんだと気づくことによって、これからの人生を生きる励《はげ》みにしていただきたいと思います。本書には、そういう強いメッセージをこめたつもりです。

天才の「自己肯定の回路」をつくるスタイルを学び、みなさんがそれぞれに**自分なりの「自己肯定の回路」のスタイル**をつくってほしいのです。それは、自分をいつでも「元気にする技」でもあります。

天才とは、まさに自分をつねに生き生きと元気づける天才でもあります。本書のサブタイトルを「**究極《きゆうきよく》の元気術**」とした理由はそこにあります。天才から元気を分けてもらうだけでなく、**天才の究極の元気術を自らの技にしてもらいたい**と心から願っています。

◉目次

第四節　仕事が遊びになっている

［ピカソ］に学ぶ元気術　82

第二章　身体感覚を技にする

［宮沢賢治］　自然に身体と心をさらして自己を鍛える

第三章　新しいスタイルの創造

第四章　真の天才は量をこなす

［イチロー］完成された技を生み出す集中力のゾーン

第二節　いかに集中力を持続できるか

第三節　チェックポイントを絞り込め！

第四節　信頼関係をパワーにする

天才の読み方

究極の元気術

第一章　天才のエネルギーの秘密

[ピカソ]　生きることも創作もすべてプロセスだ!

ピカソ　Pablo Ruizy Picasso

1881〜1973

つねに発展途上の天才

ピカソは、画という平面に立体が持つすべての面を取り込んで描く「キュビズム」というスタイルをつくったひとりです。キュビズムは、緻密な理論と技法の上に描かれ、20世紀の造形上もっとも大きな変革を生み出しました。

しかし、ピカソが天才といわれる理由はそれだけではありません。彼は91歳で亡くなるまで、多くのスタイル・手法を学び、取り込み、生み出しながら自ら変貌し続けました。その作品量は美術史上最大ともいわれています。

エネルギーは実生活でも発揮され、４度の結婚の他、数多くの女性たちとの恋愛でも知られています。しかし実はそうした人生自体が彼の創作の秘密と深くかかわっています。〝天才ピカソ〟の秘密――その技とはいかなるものだったのでしょうか。

第一節　精力の枯れない泉

なぜ二〇世紀最大の芸術家なのか

ピカソは、**二〇世紀最大の芸術家**と言えます。「最大」という意味には、ひとつには新しい美術のスタイル（様式）を次々とつくり上げていったということがあります。ひとつの様式にこだわって、それを守って終わっていく芸術家もいますが、ピカソの場合は、時代の移り変わりの中で時代と呼応するように、自分のスタイルをその都《つ》度《ど》つくっていきました。そして**彼の生み出すスタイルが時代に大きな影響を与えまし**た。

芸術家の中には死後、何百年もたってから評価されるという人もいます。そういう芸術家の場合には、残念ながら同時代に対する影響はありません。

ピカソの場合は、すでに三〇歳前後にはかなり裕福でした。裕福だったというのは、すでに作品が売れていたわけです。つまり、この年齢にしてピカソは同年代の人たちからの大きな支持があったのです。

ピカソ自身が、つねにさまざまな様式を試み、同時代に大きな影響をもたらすことができた理由を、次のように言っています。

「**芸術家には成功が必要だ**。パンのためだけではなく、とくに自分の作品を実現するためにだ。（中略）しかしどうして一体、成功が、公衆の趣向にへつらった作品のほうにいつでも行かなければならない理由があるのだ？ ぼくははっきり証明したかったのだよ。妥協をせずに、みんなに抗しながら成功することができるということをだ……。いいかね？ ぼくを守る壁となってくれたのは、私の若い時代の成功だ……青の時代、バラ色の時代、それはぼくをかばってくれた衝立《ついたて》みたいなものだった……。（中略）**ぼくがやりたかったことの全部をすることのできたのは、ぼくの成功のおかげなんだ**……」（『語るピカソ』）

ピカソは、ただ単に成功にあぐらをかいて、大衆に媚《こ》びるのではなく、自分のやりたいことをやるためにこそ、若い時代の成功が必要だったというのです。つまり、成功が目的ではなく、ピカソにとって成功はやりたいことをやるための手段の一つに過ぎないのです。

「最大」と言われるもうひとつの意味は、**作品数が想像を絶するような数**だということです。その作品数は、六万点とも八万点とも言われています。

一日一点としても、一年で三六五点、一〇〇年としても三万六五〇〇点ですから、彼の作品数がいかに膨大《ぼうだい》なものかがわかります。ピカソの創作活動期間が一〇歳の頃から亡くなった九一歳までの約八一年間としたら、一日に一点どころか、**平均すると一日二～三点の創作ペース**ということになります。もう常識を超えた作品数ですね。

また、創作の幅も広い。絵画だけではなく、彫刻、物を組み合わせてつくるようなコラージュ作品、版画、陶器、舞台衣装、舞台装置、詩までつくっています。ピカソは、その作品の幅広さと作品数の膨大さ、同時代への影響力という点で、他の芸術家を圧倒する存在と言えるでしょう。

驚くべき精力の秘密

その作品数の膨大さでもわかるように、ピカソは精力——エネルギーというものを如実《にょじつ》に感じさせる芸術家です。

この場合、精力（エネルギー）というのは、単に創作のエネルギーというだけでなく、はっきり言いますと、女性との関係においても精力があるということです。**セクシュアルなパワーを中核に置いたエネルギー**という意味での「精力」が、ピカソにはあふれています。

しかもピカソは、ちょっと考えられないのですが、九一歳の晩年まで、その精力が枯れずに湧《わ》き続け、衰えることがありませんでした。そのイメージは作品にもつねにあふれています。これは、ピカソの特質の一つです。驚くべき精力が、ピカソを圧倒的な存在にしています。

実はピカソは、その**精力を枯らさない工夫**を一貫して意識的に行っています。

彼は生まれつきの精力以上に、それをかき立て続け、循環を良くし、精力の泉がどんどん湧くような好循環に入るための工夫をいろいろと考え出して、それをかなり意識的に行っているのです。世の中で「精力的な人」と言われるタイプがいますね。仕事でも他のことでもバリバリとこなしてしまうような人です。普通の人は年齢とともにパワーが落ちますが、いつまでも精力的な人は、実は「**精力がより湧くように行動している人**」なのではないでしょうか。

ピカソの女性とのつき合いは、その一つの現れと言えます。芸術家はだいたいつき合う異性が多いのですが、それにしてもピカソの場合、その数が半端《はんぱ》ではありません。若い頃から老年期まで、これでよく体がもったなと心配になるほどです。

ピカソのエネルギーの激しさは、こんなエピソードからもわかります。ピカソは、パリのラファイエット百貨店の近くの道で出会った一七歳のマリー＝テレーズ・ワルテルを一目見て激しい恋に落ちてしまいます。

ピカソは出会ったばかりの彼女に自分の名前を告げます。彼女はピカソを知らなかったのですから、これでは、見知らぬ女性に声をかける〝ヘンなオジサン〟に見られてしまいますね。それでも強引に口説《くど》き落とします。そしてすぐ彼女に自宅近くに住まいを見つけてやる。まさに電光石火の早業《はやわざ》です。当時四五歳のおじさんが三〇近くも歳下のまだ少女と言ってもいい相手に「**ぼくたち二人で、素晴らしいものが生み出せる**」と情熱的に迫っています。このときピカソは、オルガという女性と結婚していましたが、マリー＝テレーズとの結びつきは数年間秘密のうちに続きます。

この時期のピカソは、**彼女の肉体が持っている特徴を絵画の表現に大きく影響させて**います。このピカソの若さ、情熱は、近頃元気のない日本の中年男性にも見習ってほしいほどですね。

「この時期に、マリー＝テレーズの顔と体からインスピレーションを得て制作されたピカソの絵画と彫刻には、彼女の力強い線と充実した形の美しさ（それはすなわちピカソの愛にほかならない）があらわれている。古典的な堂々たる様式がここに復活した」（『ピカソ　天才とその世紀』）

とあるように、マリー＝テレーズの身体が持っているある種の力強さと充実した形が、ピカソに、古典的な絵画の表現様式を呼び起こしたのです。

これがピカソの**触発されるという技法**です。

ピカソと深い親交のあった高名な写真家ブラッサイ（注1）は『語るピカソ』という本の中でピカソにとっての恋愛についてこう書いています。

「彼にとっては、**恋愛事件はそれ自体が目的ではなく、おのれの創造力への欠くことのできない刺激物**であり、あまり真剣なため彼はこそこそかくしたり秘密にしておいたりはできない（中略）えらばれた新しい女の顔立ちは、じかに、見捨てられた女のそれと重ねあわされるのだ……」（『語るピカソ』）

ピカソがただの女好きなら、同時並行の恋愛は隠すでしょう。しかし、ピカソの恋愛はつねにその表現と直接、間接に深く結びついている。ここがポイントです。

精力は使えば使うほど湧き出る

私たちがピカソから学びたいのは、**精力は回転させながら出していくもの**だという発想です。精力は使えばなくなるものではなく、流れそのものであって、回転し出せば、かえってどんどん出てくるという性質のものだということです。

だから**出し慣れてくると、どんどん湧き出る。**逆に、守りに入ってしまうと、いよいよ出なくなるものです。

これはある一定以上の年齢の人にはわかってもらえるでしょうが、たとえば三〇代後半から四〇代に入る頃になると、人生で危険な下り坂というのがやってきます。二〇代までは、性的にも精力が落ちるなどということをほとんど感じることはありません。しかし、三〇代後半あたりから、どうやら人生は下ることがある、精力が落ちる

（注1）ブラッサイ　一八九九～一九八四年。フランスの写真家。本名ギュラ・ハラース。ハンガリーのブラッソー（現ルーマニア）に生れる。美術学校に学び、絵画や彫刻を制作した。三〇代より後に写真を始め、パリの街を詩情豊かにとらえた写真で有名。

ことがあると、本当に実感することがあるんです。悲しいですけどね。

その下り坂に来た時の対処法として「守る」という方法と、「**攻めに出てより精力が湧き出るようにする**」という方法があります。ちょっと危険な感じもしますが、これは実は非常にいい方法です。

ピカソの場合はあきらかに、より湧き出るように行動し続けています。それは好奇心があるからこそできるともいえますが、むしろピカソは**精力があふれ出ているという自分の状態が好き**だったのだと思います。

ピカソは、精力が循環して、汲《く》めども尽きない無限運動のようにあふれ出てくる状態に、自分の身体が入った時の快楽というものを熟知《じゅくち》しています。そして、それを習慣化しているのです。

ピカソの場合は、相手に惹《ひ》かれたら、いい加減ではなく自分の作品に影響を与えるようなところまでしっかりとつき合います。しかし、ある程度の期間が過ぎると、その女性から離れて別の女性に走ってしまいます。

ピカソにとっては、女性は絶対に必要なものだったわけです。が、どうも一人の女性がピカソを生き生きさせ、精力をあふれるような状態にさせてくれるのにも、一定の限界があるようです。

女性からすると非常に腹の立つ男だと思いますが、こうしたことは、**ゲーテ**においても見られます。

ゲーテは、日本では完成された人格者のようなイメージで受け取られていますが、彼はそんな狭いイメージに限定されるような芸術家ではありません。ゲーテの場合も、**女性との出会いをきっかけに創作意欲が高まり、詩をつくるという作業が加速**しています。ところが、その詩をつくり終えてしまうと、ゲーテのその女性への興味は急速に薄れてしまいます。

それでは、ゲーテが作品をつくるために女の人を利用したのかと言えば、そうではありません。その時のゲーテは心の底から恋愛の魔力に取りつかれているのです。それが言葉になって噴《ふ》き出て、素晴らしい詩ができます。

そこが微妙なところで、純粋無垢《むく》に「大恋愛があったから詩をつくりました」というわけではありません。詩人であるゲーテにとって、**詩をつくることは人生の仕事そのもの**です。恋愛はその意欲を高めてくれるのです。詩作のために恋愛をするというものでもなく、逆に恋愛したから詩作ができたというものでもないのです。双方は一体になっています。

ピカソの場合もゲーテ同様に、芸術をつくるのが仕事であって、彼の人生の中心にあります。そこに何かが入ってくる。何かというのは恋愛であったり、あるいは別のことであったりするのでしょうが、それにのめり込み、芸術を生み出すことが仕事であり、人生そのものなのです。

ピカソは、仕事と生活を分ける、あるいは仕事と恋愛を分けるという手法は取れません。恋愛なら恋愛に完全にのめり込むことによって、**恋愛も仕事も生活もすべて一体化**させてしまいます。なぜそれができるかといえば、非常にエネルギッシュだからです。そして、そのことがまた、ピカソのエネルギーを循環させ、新たなエネルギーを生み出すことにもなるのです。

刺激を与えてくれるものを探す

そこで問題になるのは、最初はどんなに新鮮なものであっても、時間がたつと「飽きる」ということです。ものによってはある程度の年数はもちますが、それでも基本的に「刺激には慣れる」という人間の避けがたい本性があります。

そうした課題に対してピカソは、**刺激を与えてくれるものをつねに探し続けること**で乗り越えています。ピカソ自身は、「見つかる」と言っています。しかも、ピカソにとって出会いとは非常に幅広い意味を持っています。

ピカソはブラッサイに小石、骨、波にころがされた皿や壺《つぼ》、どれもピカソ自身の手で彫り込んだものを見せて、こう語っています。

「小石はとても美しいので、どれもこれも彫ってみたくなるんだ……それに海が実に見事に加工している。いかにも純粋で完全な形態ができあがっているので、ちょっと手を加えるだけで芸術作品になるのだよ」（『語るピカソ』）

普通は、小石などは、人間にとってインスピレーションが湧くものではないでしょう。ところが、ピカソにとっては、小石そのものが「おもしろいな」というだけでなく、それを彫ってみたくなるものなのです。

ピカソの場合、**対象を眺めているだけではなく、それをどうかしたくなって**しまう。それは、女性に対しても同様なのでしょう。眺めて単に「綺麗《きれい》だな」というのではなく、いくつになってもすぐに声をかけてかかわりを持ちたくなる。そのあたりは実に素直です。

「彫ってみたくなる」というのは、彼独特の表現です。ピカソの場合は、**対象に心を触発されるだけではなくて、それに対して手が動き出す**かどうかが問題なのです。手が何らかの形で動き出すような物であれば、それはピカソにとってすべて素材となります。

ピカソの手というのは、「驚くべき粘り強さ」を持つと、言われています。

ある時、ピカソは、写真家のブラッサイが忘れた乾板《かんぱん》に、エッチング用の彫刻針で女性の横顔を描いています。その時のことをブラッサイは、次のように述べ、ピカソの指を「彼のとてつもなく忍耐強い指」と表現しています。

「私は彼のところで、（中略）乾板を置き忘れてしまった。どんなものも、たとえど**んなにちっぽけなものであっても、ピカソのところに置かれたものはすべて、時限爆弾同然**である。時が来れば、必ず爆発する。ピカソは私の小さな乾板を見つけ、触って見、くんくん嗅《か》ぎ、手にとってしらべ、これにすっかり魅了されてしまった。（中略）彼はニヤニヤ笑いながら、親指と人差指で――私が透《す》かして見ることができるように――その置き忘れた小さな乾板をつまんで差出した……。

――君の乾板でこんなものを作ったよ、と彼は言った」（『語るピカソ』）

普通は他人が置き忘れていったものを嗅いだりなどはしないでしょう。しかしピカソは、物とでも、性的なとも言える関係を結んでしまいます。それは、乾板だけでなく、石であっても同じことで、ただ見るだけでなく、**匂《にお》いを嗅ぎ、触《さわ》る、調べること**で、さらにそこに手を加えていくわけです。

ピカソの場合はそこに置かれている物はすべて、恋愛と同じように、いつ作品として炸裂《さくれつ》するかわからないのです。いずれは爆発する時限爆弾のように、最終的にはほとんど全部利用されていきます。

これはまさに**あらゆる物を喰《く》らい尽くすというスタイル**です。その時の喰らい尽くし方は、ピカソの場合、破壊するという仕方ではなくて、手を加えてより精度の高い物にするということなのです。

第二節　触発される技術

インスピレーションを方法的に得る

ピカソは、自らインスピレーションを与えられる、すなわち、霊感を吹き込まれる「**インスパイア・アイテム**」(「自分をインスパイアしてくれるもの」という意味の私の造語ですが)をつくり出しています。

インスパイアとは、神が人間に息を吹きかけることで、吹きかけられた人間には、神の意図が啓示のように偶然的に突然現れるというのがインスピレーションのイメージです。だから、エジソンが「一%のインスピレーションと九九%の汗(パースピレーション)」と言っていますが、その一%のインスピレーションに関しては偶然にまかせる他はないというのが普通の考え方です。

しかし、ピカソの場合、**インスピレーションの段階からしてすでに方法的**なのです。

それが非常にはっきりしたのが、ピカソがブラック（注2）と一緒にはじめたキュビズムという概念における世界初のコラージュの作品です。

「キュビスムの新たなシステムを素人《しろうと》が理解することは難しい。実際、ブラックとピカソも、キュビスムが少数の玄人《くろうと》の間に限られた単なる美学・抽象の実践に陥ってしまうことを、非常に早くから恐れていた。この危険を避けるために、彼らは画面に現実の物、ある意味で現実の証人ともいえる実在の物体を登場させたのである。（中略）

そして一九一二年、ピカソは絵画史上最初のコラージュによる作品『籐《とう》張りの椅子《いす》のある静物』を描く」（『ピカソ　天才とその世紀』）

この場合、ピカソは本物の縄《なわ》と籐椅子など現実にあるものを組み合わせて作品をつくっています。コラージュというのは、本来結びつかないもの同士を結びつけて作品にするもので、キャンバスに絵の具で描くのとは違います。

これは手法として、**実際にある物と別の何かと結びつけて、そこから自分をインス**

（注2）ブラック　一八八二〜一九六三年。フランスの画家。一九〇八年、ピカソとともにキュビズムを創始。ピカソの情熱的な作風に対し、静物画に理知的で構築的な表現を展開して独自の道を歩んだ。色彩とマチエールの美しさに特徴があり、彫刻、版画でも知られる。

パイアして、**作品化するやり方**です。その点で、自分が触発される工夫というのが作品のつくり方にはっきり出ています。

さらにピカソは「アサンブラージュ」という表現手段を使っています。これは、ゴミ捨て場などで見つけた雑多な物、**奇妙な物を寄せ集めて作品をつくり上げる**というものです。まさにいま流行《はや》りのリサイクルの先駆け、それも美術作品に再生してしまうのです。

「山羊《やぎ》」という作品では、胴体は椰子《やし》の葉、腹部は柳の籠《かご》、四肢は鉄片、角とアゴヒゲはブドウの幹、耳はボール紙、乳房は陶器の壺、性器は二つに折った金属のふたといったように、まさに雑多な物を寄せ集めて、それらのすべての要素を石膏《せっこう》でつなぎ合わせて、ブロンズに鋳造《ちゅうぞう》しています。

それらの作品の中でもとりわけ有名なのは「牛の頭部」という作品です。ピカソの友人でもある研究者ローランド・ペンローズは、その著『ピカソ　その生涯と作品』で、次のように書いています。

「こうしたすべての発見物の中でも、人の裏をかくようなその単純さのために最も有名なものとなっているのは、捨てられた自転車のサドルとハンドルで作ったオブジェで、これらがピカソの手で組み合わされると真に迫った牡牛《おうし》の頭部になってしまったのである（《牛の頭部》）。この変身は驚くばかりに完璧《かんぺき》である」（『ピカソ　その生涯と作品』）

捨てられたりしている雑多な物からインスピレーションを得られるのは、ピカソに**見立てる技**というものがあるからです。

「牛の頭部」では、自転車のサドルとハンドルを見た時に、それが牡牛の頭部に見立てられたのです。だから、作品として生まれ変わる。それは、幻覚症状としてそう見えてしまうのではなく、ピカソがそのように見立てるという技を使っているからです。

しかも、ピカソの場合、誤りや、**一見無価値なものさえ意識的に利用**しています。

彼は、自分の彫刻を撮影したひどい写真についての話から、こんなふうに言っています。

「うん、あれはひどいもんだよ！　写した実物とあんまりかけはなれているので、かえって面白いくらいだ……ぼくが白で作ったものが、黒になっていたりするんだ……それに、原色版のひどいことといったら！　（中略）ぼくの絵なんかあとかたもなくなっているような**最低の写真が、ぼくを夢中にさせるのだ**……うそじゃないよ……。こういう驚きというやつは、ちょっと考えさせられるじゃないか。それはぼくの作品の、創造とはいわないまでも、ひとつの新しい翻案、新しい解釈なんだね。（中略）悪い写真は、さまざまな着想を与え、時には新しい地平を開いてくれる……」（『語るピカソ』）

自分の作品を撮《と》った良い写真というのは自分の作品には及ばない、しかし、**悪い写真からはインスピレーションをもらえる**というわけです。ここでもピカソの見立てる技が生きています。

プロセスを生きる

完結は最もピカソの嫌うものです。というのは、完結すると次へのエネルギーがそこから噴き出さないからです。

だからピカソは、つねにプロセスとしてしか作品をつくりません。もし、その作品に欠点が見えたとしたら、その作品に手を加えて完成させるのではなく、次の作品をつくることで、その課題を成就《じょうじゅ》させようとします。だから、作品をつくり上げて終わるのではなく、**つねに余力を残しているスタイル**なのです。

一つの作品を一〇年かけてつくるというスタイルの芸術家もいるでしょう。ずっと推敲《すいこう》し続けて完璧な作品に仕上げる。小説でもそういう小説家はいます。生涯でつくった作品は少ないけれど見事な作品であるというようなスタイルです。それも芸術家の一つのスタイルです。

しかし、ピカソの場合は、**プロセスがすべて**なのです。だからピカソの中では、作品は完成されたというイメージではありません。自分が運動し続けている、その都度その都度に作品が産み出されていくというスタイルなのです。

彼自身、こう語っています。

「《完成した》絵なんてものはなくて、**同じひとつのタブローのさまざまな《状態》があるだけだ**と思うね。ふだんは仕事の途中で次々に消えてゆくいろんな《状態》が……それに完成するとか仕上げるとかいう言葉は、二重の意味をもっていないかね？完了すること、終えること、しかしまた殺すこと、止《とど》めを刺すことなんだな」（『語るピカソ』）

しかも、彼の人生・生活というものと作品をつくることも連動しています。たとえば、すでに述べたように、マリー＝テレーズに出会った時はマリー＝テレーズに合った方法で絵を描いています。

そのように、生活の中で出会う物、あるいは出会う人ごとに自分の中で触発されるものが変わっていきます。ピカソは、それを利用しながら作品をつくっていくのです。作品世界と生活世界が分離していません。それもプロセスを生きるということです。プロセスが大事だと言う人は多いのですが、本当にプロセスを生き切ることはむずかしいものです。

プロセスを生きること、それがピカソの尽きない精力の源の秘密の一つです。

新たなものを創造する手の技

ピカソは一見めちゃくちゃなことをやっているようでも、すべてが完全に建設的な行為なのです。**それまでは意味を持っていない物に、意味を持たせる行為**です。意味をなくす、ある物を壊すといったことが、新しい改革運動のように勘違いされることがありますが、ピカソはそういう勘違いをしていません。それまでの絵画の様式を壊すのではなく、**つねに新しいものを提示する**のです。

ですから、ピカソ以前には作品としては考えられもしなかったような物が、意味を持った作品になるのです。

世の中のものは、放っておけば全部崩れ去っていって無になってしまいます。しかし、それができ上がるまでには長い年月がかかっているのです。**生命というものは非常に長い年月をかけて繊細《せんさい》に積み上げられてきた一つの精華《せいか》**といえます。

たとえば「虎《とら》」という種が成立するまでには、莫大《ばくだい》なプロセスがあるわけです。あるいは生物ではなくても、「石」というものが存在するためのプロセスを考えても、気が遠くなるほどの時間の積み重ねがあるわけです。

自然というものは、小石一つでも、そこに込められているエネルギー、時間的な長さも含めて、偶然の積み重ねで、ここまで至っているのです。生命も自然も、偶然のいろいろな要素が、最終的には必然の網の目に絡《から》まって成立してきたものといえます。

そして、ピカソは、そうした**自然やすべての物からインスピレーションを得て**、それらを見た時に、自分の手を加えることによって、よりいっそう豊かな意味のある作品にしてしまうのです。

だから、その対象は何でもいい。キャンバスである必要はなくて、自分の手の動きを触発する素材があればいいのです。ピカソにとって「手」はインスパイア・アイテムの重要な起動装置だったようです。

そういう発想に立ってみれば、ピカソのやってきたことは、幅広いようでも実はつねに同じことをやっていると解釈することもできます。

このような**手の技を自由に使う**ことができたのは、もちろんピカソの天性もありますが、少年時代にすでに基本がつくられたということもあります。彼は絵の教師だったお父さんから教えを受けていて、一四歳の頃にはすばらしい写実画を残しています。**二〇世紀までの絵画技法はほとんどマスターしていた**とさえ言われています。

さらにピカソは、こうした基本的な技であるデッサン力などを、どのような表現技法を用いている時でも訓練し続けていて、衰えさせることなく一生向上させています。

第三節　創作の秘密を貪欲《どんよく》に求める

似ているものを追求し、他のものを削《そ》ぎ落とす

ピカソがしばしば言っていることに「**何かと何かが似ている**」という見方があります。

ブラッサイが「あなたの河岸の風景画で私をひきつけるのは、風景が実際には、どれがどうというのでなしに非常によく似ているということですよ」という言葉に対して、ピカソはこのように答えています。

「**ぼくはいつでも似ているように心がけている**……画家は自然を観察しなければならないが、決して自然を絵と混同してはならない。（中略）ものの見かけの形と色をこえて深いところで似るということだ……」（『語るピカソ』）

ここでピカソが言おうとしている意味は、自然自体がいろいろな形に見えたとしても、その中で深いところでつながっているという認識です。

ブラッサイはピカソがサーカスのアクロバットを描く過程をこんなふうに表現しています。

「はじめのころのキャンバスでは、アクロバットの姿はきわめてはっきりと識別できたが、構図がさらに緊密に、無駄がなくなっていくにつれ、アクロバットの姿は消えていった。私ははじめて、ピカソがより深い相似を求めて、ある主題をその最も本質的、かつ人相書のように**特徴をよくつかんだ相貌《そうぼう》にまで削りおとしてゆく**、そのやり方を見る機会を得たのだった。このシリーズの最後の作品は、もうほとんど抽象絵画に等しかった。（中略）そこからはサーカス特有の雰囲気が発散していた」（『語るピカソ』）

アクロバットをやっている人間の肉体は、その人間固有のものですが、ピカソは、その人たちに共通する**似ているものを追求して、他のものを削ぎ落としていく**のです。あるいは、そこからサーカス特有の雰囲気を表現するために、いろいろなものを削り落としていく。ピカソは、アクロバットなり、サーカスなりに共通する本質的なものがあると信じているからこそ、削り落としていくことができるのです。

スタイルの変化にしても、ピカソの場合は、絶えず移り変わっているようでも、そこには刹那《せつな》的ではない確信があって、本質に向かっています。**どんなに違っているようでも、どれも似ているところがある**はずだという確信のもとに、ピカソは仕事を進めているのです。

ピカソにおける盗む技

ピカソにとって「似る」というのは、いま述べてきたような意味があります。その点で、ピカソにおける剽窃《ひょうせつ》というのも、同じように本質に向かうための方法なのです。

ピカソは、高階秀爾《たかしなしゅうじ》が『ピカソ　剽窃の論理』という本を書いているように、**まねる、盗むという力**を最大限に発揮した人です。

「剽窃」というと「盗作」という誤解を受けかねませんが、ピカソの場合は盗作とは言えません。この『ピカソ　剽窃の論理』の巻末の解説で、詩人の大岡信《おおおかまこと》が、ピカソの「白昼公然たる剽窃」ぶりを、和歌の「**本歌取り**《ほんかど》」にたとえて、次のように言っています。

「ピカソは他人を単に模倣《もほう》するというのではなく、もっと積極的に、剽窃するのである。言いかえれば、他人の作品を恰好《かっこう》の踏み台にして、思う存分相手をしゃぶり尽しながら、結果的にはまったく独自なピカソ世界を作りあげてしまうのである」（『ピカソ　剽窃の論理』）

剽窃する場合、何かを変奏するという形で、意味を増幅させていくということになります。それは**元の作品とアレンジされた作品の二つがあることによって、よりおもしろさが増す**ということです。ピカソには、そういう意図もあったと思いますが、さらに、それをやることによって、**他の画家の技を盗む**ということが大きかったと思います。

たとえば、ピカソは、ドラクロワ（注3）の「アルジェの女たち」を自分流に剽窃していいます。その剽窃を通して、自分の好きな画家であるドラクロワの技、構図の取り方など、いろいろな技を盗むことをしているわけです。

まねる、盗む力というのも一つの技であって、やればやるほど上手《うま》くなっていきます。ですから、ピカソの場合、一人の画家の作品だけではなく、次々といろいろな画家の作品を剽窃していきます。それぞれの画家のスタイルを模倣しつつ吸収していって、その**創作の秘密を自らの身体で盗み取っていく**のです。

自分のスタイルをつくるためには、実際に前の時代の偉大な画家が行った作業自体を自分もやってみる、つまり模倣することが一番の早道です。ピカソの場合、まねる、盗むということを、意図的に、積極的に手法として活用したということです。「盗む」（剽窃する）という方法でのアレンジは、文学的な例で言うと「本歌取り」と言ってもいいのですが、それは「換骨奪胎《かんこつだったい》」することです。元々の有名な詩や文章を、自分なりにアレンジして使ってしまうことです。この手法は芸術においては普遍的な手法です。

元の作品をすり替えてしまうという「換骨奪胎」の手法を、普通はなかなか自分の手法として使うことには割り切れないものです。それは**「オリジナルなもの、個性的なものがエライ」という観念にとらわれている**からです。だから、自分独自の個性で、いままでにない作品をつくろうとします。しかし、そういう発想から抜けられない人は、凡庸《ぼんよう》な作品しかつくれないことが多いのです。

しかしピカソの場合は、その見極めが徹底していて、「換骨奪胎」するということ

（注3）**ドラクロワ**　一七九八～一八六三年。フランス、ロマン主義絵画の代表的画家。一八二四年には「キオス島の虐殺」を発表し、反古典主義の旗手となった。

をしっかり自分の得意技にしているのです。それもピカソの創作力の一つの秘密です。

ずらすことで新しい世界を示す

ピカソの場合、**剽窃は元の作品からの「ずらし」**ともいえます。たとえば、なめらかな輪郭《りんかく》が直線的に見えてしまうメガネをかけたとします。すると、人間の身体、犬の身体がいくつかの平面の組み合わせのように見えます。そのことによって立体的に構成されます。そのように、ある種の**ずらしのフィルターがかかるメガネ**をかけたとしたら、どう見えるのかというようなことを、ピカソは、剽窃することで意図的に行っています。

そういうメガネをかけてドラクロワの「アルジェの女たち」を見て描くと、ピカソの一連の「アルジェの女」という作品になるのです。そういうふうなことを、次々に行っています。この作業は、ピカソにとっては、いわばメガネの開発でした。こういうメガネをかけた作品をつくることが最終的な目的ではありませんでした。こういうメガネをかけたら世界はこう変わってくるという、そのメガネの方を研究し、開発していったわけです。

だから、メガネの精度を高めるためには、ある程度同じ物を見続けて、メガネをこう変えたら、見え方がこう変わったと比較していく必要があります。そのためには、「アルジェの女」のように、何回も連続して剽窃して作品化してもいます。そこで、メガネを少しずつ調整していくという作業をしているのです。

しかも、ピカソはつねに世界を意識して仕事をしているのですから、新しいメガネをかけることで、ものの見方や考え方がどう変わったかを、世界に問いかけていく必要もあります。

ドラクロワのように有名な絵を、「こう見たとするとこうなるよ」と示すのです。みんなが元の作品を知っていれば、ピカソのそのメガネは何であったかがわかりやすいでしょう。

ピカソが問題にしているのは、一つひとつの作品の完成度ではなくて、こうしたメガネをかけるとこのように見えてくる、とアレンジすることによって、存在というものをどのように考えるかといった、**新たな世界観の提示**を行っているのです。

だから、何がずらされているか、そのずらしの一貫性というものを世の中に理解させる必要があるわけです。そのためには、元の作品は有名な方がいいのです。

創造活動は、無から有を産み出すというよりもむしろ、**いかにずらしていくか、そして、そのずらしにどれだけの一貫性を持たせられるか**というのが勝負どころです。これは、ピカソにおけるあらゆる創造性の秘密です。一貫したデフォルメ、アレンジがなされることで、その作品が新たな創造になるのです。一見、原画をゆがめたと思えるようなピカソのデフォルメされた作品の秘密は、この〝ずらし〟にあります。

形を突きつめる

創作活動には、形と色彩という二つの軸があるとすると、ピカソの場合、その二つの軸を回りながら螺旋《らせん》的に運動していくという手法を取っていると思います。必ず二つの活動を交互にやりながら増幅させていきます。

ピカソは、美術史の中では印象派の後に来ています。印象派というのは、形を解消させ、光の戯《たわむ》れとしてもう一回世界を見直してみようという技法をとりました。形や物が存在していると決めつけずに、網膜《もうまく》に映る光の戯れを表現様式にしようという運動です。

当時のモネ、マネ、ルノアールなど「印象派展」に出品した画家たちは、その技法には飽き足らず、印象派から出発して、それぞれの技法を求めていきました。

印象派以後、後期印象派と呼ばれる人たちもそうです。彼らの代表は、セザンヌ、ゴーギャン、ゴッホ、スーラなどです。その中でセザンヌ（注4）は、印象派によって、形あるいは物の存在感という側面が非常に弱くなってしまったのを、もう一度取り戻そうとして、それを絵画の技法として求めていったといえます。

ピカソはそうしたセザンヌを尊敬していて、もう一回ボリュームのあるもの、**立体感のあるものをつくっていこう**としたのです。ピカソの剽窃も、その一つの試みとして見ることもできます。

ある日、一人の青年がセザンヌの作だという絵を持ってやってきたとき、ピカソは「これは決してセザンヌが描いたものではない」と、贋作《がんさく》だと指摘します。まあ、ピカソ相手に偽物《にせもの》を持ってくる方もたいしたものですが、よほど自信があったのでしょうね。しかし、それをなんなく見抜くほど、ピカソはセザンヌを大切に思っていたのです。その青年が帰った後に、ピカソが語ったことを、ブラッサイは次のように書き

（注4）セザンヌ　一八三九〜一九〇六年。フランスの画家。「近代絵画の父」と評される。印象主義的作風から独自の芸術を産み出し、ゴッホやキュビズムなどのほか、二〇世紀絵画にも大きな影響を与えた。

とめています。

「ぼくはセザンヌをよく知っている！　彼はぼくの唯一のかけがえのない先生だ！　ぼくが彼の絵を見てきたことを考えてみるがいい！　……ぼくは何年となく彼を研究してきた……**セザンヌ！　彼はわれわれみんなの父親のようなもの**だった。われわれは彼に守られていたのだ……」（『語るピカソ』）

ピカソがこのようにセザンヌを尊敬していたのは、セザンヌが印象派を超えてもう一度形に戻った、いわば存在というものを突き詰めて表現した芸術家だからです。

ピカソの剽窃とセザンヌとの関係については、高階秀爾がこう書いています。

「過去の名作を前にしてそれを写しながら、彼はいつも『もしこの人物をもう少し右か左に描いたらどういうことになるだろうか』と考えるのである。ちょうどセザンヌがプロヴァンス地方の自然を前にしていつも『あの松の樹をもう少し右の方に描いたらどういうことになるだろう』と考えていたと同じように……。つまりピカソは、セザンヌが自然を見るのと同じような眼で過去の名作を眺めるのである」（『ピカソ　剽窃の論理』）

一枚の絵にすべてを入れ込む

形を突きつめていけば、立体的なものに向かいます。ピカソが絵画だけには飽き足らず、彫刻、コラージュなど、あらゆる作品をつくったのも、そのためだとも考えられます。

レオナルド・ダ・ビンチは彫刻などいろいろなものをつくりましたが、**絵画こそ一番むずかしく、最高の芸術**だとしていました。

それはなぜかと言うと、この世界は三次元の世界ですから、彫刻はそれをそのまま表現すればいいのですが、絵画はそれを二次元の世界に置きかえるものだからです。つまり、そこに絵画のむずかしさがあり、だからこそ、絵画が最高の芸術だと考えたわけです。

画家は、まさに三次元の物を二次元に落とす、形ある物、ボリュームある物、立体的な物をいかに平面にするか、この課題にずっと取り組んできたわけです。

その一つの斬新《ざんしん》な解決法としてピカソが提示したのは、**いくつかの視点から見たものを、すべて一つの絵の中に入れ込んでしまう**という方法です。すると、絵としては変だけれども、妙な立体感は出るという作品になります。これがキュビズム（立体主義）

です。

たとえば、ある彫刻をいくつかの角度から写真に撮ったとします。すると一枚の写真よりは立体感がわかります。一つの絵の中に、いろいろな角度からの写真を入れ込むように、いくつかの角度から見た物を全部入れてしまおうとしたのが、ピカソのあちらに向いたり、こちらに向いたりしているような、奇妙な顔ということになります。表現への貪欲《どんよく》な姿勢がピカソの絵の奇妙な顔の秘密なのですね。

普通の人間だったら、ある一ヵ所の角度からしか見られないものを、三ヵ所くらいの角度から見たものを一枚の絵に入れてしまおうという実験を、ピカソはやったのです。それは、ボリュームあるものとして存在している物を、一枚の紙の上に表現しようとしてきた歴史の延長上に、ピカソの仕事があるということを示しています。

自分のスタイルにこだわらない

ピカソは創作の秘密というものを熟知しているだけに、他の人の秘密を盗むことにも非常に長《た》けています。自分の創作の秘密だけでは飽き足らず、他の人が**どういうインスピレーションの得方をしているのか、インスピレーションをどのようにして作品**

にするのかといった根本的な創作の秘密をつかむことができるのです。

だから、ピカソは、自分の不慣れな芸術分野に対しても、すぐにその創作の秘密をつかみ取ってしまいます。

「いったいピカソは、**自分の不慣れな芸術分野やメチエに対して、いつもひどく惹かれる性質**をもっており、それらの可能性および彼自身の可能性を、みずから試してみないと気がすまない性分である。そのため彼は、みごとな腕をもった友人の鉄の彫刻家フリオ・ゴンサレスが、灼熱《しゃくねつ》した鉄を叩《たた》き、ねじ曲げるのを、好奇心に満ちて見つめ、彼に鉄と火の秘法への入門指導を求めたのだった。弟子は師匠を追いこした」（『語るピカソ』）

ピカソは、短い間にその創作の秘密を盗み切ってしまい、師匠を越えているというのです。ピカソは誰かと一緒にやったりまねしているうちに、相手を追い越して、ピカソがそれを始めたということになってしまうくらい、創作の秘密をつかみ取ることに貪欲であり、長けていました。

それは彼が自分のスタイルに固執《こしゅう》しないからこそ、できる方法ともいえます。

ピカソは、自分がいいと思うものを見たときに、この人はいったいどんな秘密を持っているのかと好奇心を抱き、それを実際に試みて、その技をことごとく吸収してしまいます。

それも**一緒に仕事をするという形で吸収してしまう**というのは、実にタフなやり方です。

「虎穴《こけつ》に入《い》らずんば虎子《こじ》を得ず」ではないですが、「虎子」というのがいわば創作の秘密だとすると、自分の身体を投げ出して、そこで技を、秘密——虎の子をつかみ取って帰ってくる。ピカソは、あまりにもタフなので、自分がやられてしまうということがないのです。

自分がやられてしまうというのは、相手のエネルギーに負けて、自分が自分らしさを失ってしまうということです。普通は、そういう恐れを抱くものでしょう。

しかし、ピカソは自分のエネルギーへの確信、技量への確信があるので、自分にとらわれることがないのです。創作の秘密をつかみ取って戻ってきたピカソは、さらに、エネルギーが大きくなっていて、それまでのピカソとはまた変わっていきます。

つまりピカソは、**自分という存在をも一度投げ出して、またつくり続ける**というプロセスの人生を生きたといえます。

第四節　仕事が遊びになっている

自分にとらわれない自信

よく人は、「自分なりの」という言葉で自分を守ろうとします。「自分なりのやり方でいい」「自分なりの生き方でいいんだ」というように。こうした自分に対してこだわるという傾向は、いまの日本ではかなり強いものです。しかし、これは**自分を失うのが怖くて自分の世界を守っているだけで、はっきり言って、せこい生き方**です。

そんなふうに自分にこだわっていると、だんだんとエネルギーが落ちていきます。人間というのは、自分を刺激するような素晴らしいもの、素晴らしい人物との**出会いによって、エネルギーを得て、どんどん元気に、大きくなる**ものです。

ところが、「自分なり」という枠の中に閉じこもったとたんに、出会える対象の幅が狭くなってしまいます。守りに入ったがゆえに、じり貧状態になってしまい、自分の器は決して大きくなりません。

天才というのは、エネルギーの蓋《ふた》の開き方が上手い。自分をどんどん開いていく方に、開いていく方にと行動し、エネルギーを得ていきます。自分を失うのが怖いために守りに入って、自分をいっそう小さくしてしまう生き方とは対照的です。

ピカソは、**「守るべき自分などない」**と思っているのでしょう。**自分が動いていくこと自体が重要**であって、生命というのはそういう存在だという認識があるのです。自分という存在、生命という存在もまた、第二節でピカソにとって作品はプロセスだと指摘したように、すべてプロセスというとらえ方なのです。

ピカソは自らの人生に対しても、そういう見方をつねに持って行動しています。

自己イメージのつくり方

ミノタウロス（ミノトール）という、頭が牛で身体が人間という怪物がいます。ピカソにとって、このミノタウロスには大きな意味があります。ピカソは、ミノタウロスをモチーフにした作品をたくさん描いています。ピカソは次のように、しばしばミノタウロスは私だという言い方をしています。

「ピカソはしばしば自分自身をミノタウロスと同一視して言った。**『私が通った道をすべて紙に書いて、それを線でつないだら、ミノタウロスの形になるかもしれない』**」（『ピカソ　天才とその世紀』）

「ピカソはミノトールに対して好意と偏愛を保ちつづけ、みずからを盲目のミノトールとして描いたり、引越しの荷車を引くミノトールとして描いたりしていた。（中略）『ゲルニカ』の画家にとっては、この古代的なシンボル、半人半牛の怪物は、暗く爆発的な力に満ちたスペインの闘牛と、それほどかけ離れた存在ではなかった。ピカソは彼自身の中にこれらの暗黒の力がうごめくのを感じ、それらの力を人間世界に導き入れたのである」（『語るピカソ』）

ピカソは大変な動物好きです。それは、**動物が持つ神聖な力に惹かれる**からです。闘牛好きでもあるのですが、闘牛の残酷さを楽しんだり、闘牛士の華麗《かれい》な技に惹かれるというよりは、闘う牛の持つ神聖な力に惹かれているのです。闘牛は残酷なものではありますが、最後はその動物の持つ生命力が最高度に露出するのが魅力だからでしょう。だから、ピカソには闘牛をモチーフにした作品が数多くあります。

このように、牛はピカソにとって生命力の象徴ですが、ミノタウロスというのは半分牛で半分人間ですから、さらに生命力があり、神秘的な力がある存在なのです。

ピカソにとって半分人間、半分牛というミノタウロスは、闘牛の生命力のイメージを人間化したものなのかもしれません。

しかしいくらなんでも、自分を半牛半人の怪物ととらえるのは変です。実はここにも「技」があります。ピカソ自身をつねにミノタウロスに重ねて自分のイメージにしているのは、その**ミノタウロスの生命力を自分のものにする技**ということができます。

自分のアイデンティティを何に持つかということは非常に重要なことです。自分は何だと思うかという時に、たとえば「自分は知性ある人間です」というのと、「自分はミノタウロスだ」というのでは、精力の湧き方がまったく違いますよね。「自分はミノタウロスだ」と言った時には、非常に深く蠢《うごめ》く闇黒《あんこく》の暴力性を含めて、身体の奥底から湧き上がる力を感じます。そのような身体の奥底から湧き上がる力は、ピカソならずとも人間が本来持っている力なのですが、普通の人はそういうものを自分だとはイメージしません。

そこを、ピカソは終始**「自分はミノタウロスだ」というイメージを反復して強化**していったのです。こうした方法は、自己イメージのつくり方のコツです。しかも、その自己イメージ自体が非常に生命力を持っている、あるいは喚起《かんき》するイメージだということです。

遠くまで見すえた段取り力

ピカソは、絵画から彫刻、はては舞台美術やお皿の絵付けまで手当たり次第に仕事を拡大しているように見えます。しかし彼には、先を見通しながら仕事をしていくという段取り力があります。

段取り力といっても、一週間、二週間先を見通して段取るような短期的なものと、数年先のように、長期的な見通しに立った段取り力があります。ある程度長期的な期間まで段取りができるというのは、非常に重要な力です。

ピカソの人生を見ると、長期的視野に立ってとてもうまく段取りがなされていたのではないかと考えられます。

たとえばピカソは、**自ら意図的に「青の時代」という時代をつくって**います。「青ばかり使うぞ」と決めたら、それから三年間は青ばかり使っています。青のフィルターを置いたかのように描くわけです。それは、ちょっと青で描いてみましたというのとは違います。

一つのことに関しては、たとえば三年間くらいはやってみるのです。スポーツなどでも、誰でも三年間打ち込めば剣道でも空手でも「初段」になれるというように、ある一定のレベルのところにはいきます。

青という色彩は、感情でいえば哀しみを表しています。まさに「青の時代」の世界は、すべて哀しみで彩《いろど》られて見えます。これはピカソが、二〇歳～二三歳前後のまさに青春時代です。この年代は、人生というものを徹底的に突きつめて考えてしまうところがあります。だからこそ、青という選択であったと思います。

もちろん、老年期には老年期の哀しみがありますが、私は**哀しみというのは、むしろ青年期に似合う**と思っています。老年期は人生の終末に向かう時期ですから、自分の人生自体が哀しい。だから、むしろ精力をかき立ててくれるような明るさに行った方がいいと思うのです。

しかし青年期というのは、自分には横溢《おういつ》する生命力があるのに、あるいはそれだからこそかもしれませんが、貧しいもの、哀しいものにひかれてしまうということがあります。**「青の時代」の三年間、すべてを哀しみというものに染め上げてしまう、ピ**

カソの没頭具合は半端ではありません。

そして一九〇四年から一九〇六年は「薔薇《ばら》色の時代」です。この時代、ピカソは毎晩のようにサーカスに行き、曲芸師や旅芸人に見入り、彼らを描いています。一九〇八年から一九一五年が、近代美術の出発点と見なされる有名な「キュビズム」の時代です。しかし一方でピカソは、一九一四年頃から伝統的な表現に戻りはじめます。この様式の変化を安易だとか、「ピカソはキュビズムを裏切った」と非難をする者たちもいました。

ピカソにしてみると、ある様式を守るとか、何かを守るという発想でやっているわけではないのです。その世界に自分自身を染め上げて、そこで自分自身が何かを完全につかみ取ったら、次へ進むというだけです。

このように三年から五年くらいの間に、あることをやってまた次に進むといった**段取り力**があるかないかは、その人の仕事の正否を大きく分けます。

私たちがピカソから盗むとすれば、ある程度の長期にわたる**一定期間、自らが、その世界に染まり込むほどに意図的に、徹底的に行う**ということです。そして、人間関係やしがらみにいつまでも縛られるのではなく、そこで何かをつかみ取ったら、そこを出てまた別の世界に行けばいいのです。

一週間一ヵ月という小さな単位ならば、段取ることはできるけれど、長期になるとうまくできないという人は多いものです。一生というさらに長期の段取りをするためには、**三年から五年くらいの段取りを重ねていくという方法**がいいのです。

「立ち続けていられる」という技

ピカソの技術の一つに「立ち続けていられる」ということがあります。

「ピカソは、無駄な動きを一切せずに、3、4時間あまりも続けて描くことができた。そんなに長い間立っていて疲れないのかと、私は彼に聞いてみたことがある。彼は首を振った。

『いや、描いている間、私はイスラム教徒がモスクに入る前に履物《はきもの》を脱ぐように、戸口に肉体を置いてきているのだ。このような状態では、肉体は純粋に植物的にしか存在していない。だから、われわれ画家はたいていかなり長く生きるのだ』」(『ピカソ天才とその世紀』)

ここにも、ピカソの創作の秘密が語られています。

この「**肉体は純粋に植物的にしか存在していない**」という話は、実はものすごいことを言っています。これはまさに身体の技法です。ヨガに「死体のポーズ」という、死んだように身を投げ出すポーズがあります。このポーズは呼吸が遅くなり、身体の活動は植物のようにゆったりとします。だから長生きすると言われています。これに近いですね。

そういう状態で、「立ち続けられる」というのは、エネルギーをそれほど消耗しないということなのでしょう。

しかも、ピカソの異常さというのは、ずっと没頭していられることです。それを支えているのが、「立っていられる」という行《ぎょう》だと考えられます。座っていてももちろん仕事はできますが、立っていた方が活性化するのです。たとえばソクラテスなどもそうで、彼は立ったまま考え続けました。

「立つ」というのはアクティブである条件なのです。だから、長く立っていられないと、そうそう没頭できない。逆に言えば、集中力は「立つ」体力によって支えられることになります。ですから、集中力が「ある・ない」を問う以前に、「立っていられる・いられない」という問題があります。

子どもが勉強しているのを見れば分かりますが、少しの間でもじっと座っていられません。これは座っていられないから集中力が切れてしまうのです。集中力がないから勉強を止《や》めてしまうのではなく、**座り続けることができるという肉体の技**が身についていないのが問題なのです。

これは「体力があるか、ないか」という単純な問題ではありません。ピカソの**肉体を置いてくる、あるいは純粋に植物的に存在させるというのは、実はすごい技**なのです。

画家というのは目と手を連動させて使います。そこで長時間、動かないもの、たとえば山をずっと見ながら描いていると、ヨガの行者のように、その山の生きている時間性のようなものを身体に乗り移らさせ、その悠久《ゆうきゅう》の時を生きているかのようになる瞬間があるのではないでしょうか。

つまり、見ているうちに対象が自分に乗り移ってきて、相手の状態と同じようになる。ものが何万年、何千万年も存在しているように、自分の身体も存在し続けるかのように感じるのです。ピカソに限らず、画家という絵を描くということを技にしている人なら、これは可能なのではないでしょうか。

たしかに画家さんたちは、八〇歳、九〇歳という高齢でも現役という人が多いと思いませんか？　描くという行為は、長時間ある身体の状態を維持するという技や、**人間でないものの状態に身体の状態を近づけるという身体の技法**を鍛えるものだからです。

仕事自体が休息になっている

ピカソは、「肉体は純粋に植物的にしか存在していない。だから、われわれ画家はたいていかなり長く生きるのだ」と言っていますが、こうした状態ではすでに述べたように**呼吸が非常に穏やか**になっています。それは活動がすなわち休息をともなっていることでもあります。このことは、ピカソのあふれる精力の秘密の一つであるのかもしれません。

仕事をし続けて疲れない人というのは、**仕事自体が休息になっている**ということがあり得るのです。仕事を続けることには、大変な集中力を使うので疲れもするのですが、どこかの部分は休んでいるということがあるのでしょう。

脳と身体がすべてフルに活動しているという状態はむしろまれです。脳なら脳のある部分は疲れるけれども、別の部分は疲れていないというのがあり得る状態です。あるいは、**神経は疲れたけれど、身体の方は元気**というようなことです。

普通はそうしたアンバランスな状態というのは、不快なものかもしれません。しかし、意識的に使い分けることができたとしたら、それは快適なものになるのではないでしょうか。たとえば、今は目と手を非常に使っているけれども、肉体は植物的に休ませる。すると、活動の終わった後には、その休んでいた部分を使う活動をすればいいわけです。

休息と活動を交互に行うというのは、普通の発想です。しかしピカソの場合、眠る時は別にしてつねに活動し続けています。

たとえば**彫刻をつくったら絵画を描くというような往復を頻繁《ひんぱん》にして**います。**形に行ったら、次は色に行って**というような往復をする。どちらかに行ったら、どちらかが休んでいるということを意識的にやっている。

しかも一方を休ませる場合、活動したくてたまらなくなるまで禁欲させるわけです。そうするとある時期、それが炸裂《さくれつ》する。三年もの間、あれだけ「青の時代」で青を使い続ければ、別の色を使いたいという欲求が高まってくるでしょう。それがある時期、炸裂する。そういう**禁欲パワーをも利用する**ことを、ピカソは意識的にやっていたのではないでしょうか。

しかも、禁欲といっても何もしないのではなく、別のことを精力的に行っているわけです。ただそこに限定をつけることによって、そこからはみ出してしまうものは、休息状態に置かれます。すると、外から見るピカソはつねに活動をしているように見えても、本人の中ではどこかに休んでいる部分があるということです。

一般に**活動し続ける人は「休む」ことも上手い**ようです。ピカソの場合には活動し続けながら、どこかを休ませているのですから、このレベルはかなり高度です。それは、活動自体が休息を含んだ活動になっているからでしょう。

普通の言い方をすれば、**仕事が遊びになっている**状態とも言えます。仕事というのは大概、制限がきつくてある秩序にはめなくてはいけないので、なかなか遊びにはなりにくい。しかし、その仕事自体が遊びになってしまうレベルというのもあるわけです。

子どもは遊びがベースですから、それで何かが仕上がった時は、遊びのようにやったという感じになりますよね。しかし、大人の場合は、「まずこういう仕事がある」

というのがベースにあるので、なかなか仕事を遊びにはできません。遊びのレベルにまでするには、技術が必要です。

仕事が、あるレベルの技術を超えてしまった人は、仕事を遊びにしやすいと言えます。そうであったとしても、実際には仕事を遊びのレベルにするのはむずかしいものですけどね。

ピカソの場合、まさに仕事が遊びのレベルになっているので、作品をつくることが、すなわち仕事でもありながら遊びなのです。だから仕事をしながらでも、ある部分をフルに活動させながら、ある部分を休息させるということができるのです。そして次には休ませていた部分をフルに活動させて、疲れた部分を休ませる。こうすれば、つねに目一杯仕事ができることになります。

自分の身の置き場所を上手《うま》く設定する

ピカソは、自分の身の置き場所を選択する――環境を設定することに非常に優れています。

ピカソは、一四歳でバルセロナの「ラ・ロンハ」美術学校に入学し、すぐに神童《しんどう》の名をほしいままにしています。

一六歳にしてスペイン中の官立美術学校の試験を総なめにして、マドリッドの「サン・フェルナンド王立アカデミー」に入ります。しかし、ほとんど学校には行かず、街中の生活とプラド美術館通いに明け暮れます。

その後、バルセロナに戻り、一九〇〇年、一九歳の時にパリに出ますが、一九〇四年、「洗濯船」と呼ばれる荒廃した奇妙な建物の部屋にアトリエを構えるまでの間のピカソは、何度もスペインに戻ったりする落ち着かない生活を送ります。

この「洗濯船」の時代は、ピカソにとっては貧乏で悲惨な時代でもあったようですが、この時期、この場所にはパリの貧乏な若き芸術家が集まります。当時のピカソと交流があったのは、詩人のアポリネール、アルフレッド・ジャリ、画家でもあるマックス・ジャコブなどです。

はじめてパリに出てきた頃からは「青の時代」がはじまり、「洗濯船」に住むようになった頃から「薔薇色の時代」がはじまります。

放浪的なボヘミアン生活には、そういった生活をする年齢というものがあるのでしょう。やはり、極端に貧しくても耐えられるのは、若くて将来に対する夢や希望があるからです。また、ボヘミアン生活に耐えられるのも若いからです。年齢がいってから、ボヘミアンの生活、極端な貧乏生活というのは、人からも惨めに見えるし、自分でも耐えられないものでしょう。

ピカソの場合、美術学校に通っているよりは放浪生活を選び、貧しい画家仲間の寄り合いのようなアパルトマンで暮らす方を選んだわけです。「洗濯船」には、画家、詩人、彫刻家、洗濯女などさまざまな人たちが住んでいました。彼らの共通点は貧乏だったということです。

もちろん貧乏生活は辛《つら》いものですが、**その年齢に合った様式の場所を選んで、やるべき時に徹底してそういう生活をする**方が、インスパイア（触発）されるものが多いのです。

そんな生活を送っていても、ピカソはお金が入り、そこを抜け出せる時期にはさっさと抜け出しました。それもピカソらしいところです。

そんな生活の変化ぶりは、次のような文章からもわかります。

「一九〇九年九月、ピカソとフェルナンドはついに『洗濯船』を去る。ふたりはシャム猫とともに、クリシー大通り一一番地の大きな明るいアパートへ移り住んだ。部屋の窓は緑の風景に面し、アトリエには贅沢《ぜいたく》に光が入った。食事の給仕に白いうわっぱりの召使《めしつか》いが雇われ、マホガニーの家具とグランドピアノまであった。生活と環境は劇的に変わり、日曜日ごとに客が押しよせるようになった」（『ピカソ　天才とその世紀』）

二〇代後半でこの贅沢な生活ぶり。多少豊かになっても、なおかつ貧乏アパートに住み続けて、「若い時の苦労を忘れない」というようなタイプの芸術家もいるでしょう。しかし、ピカソは、人生にはその時期その時期の過ごし方があるというように考えているのでしょう。お金のある贅沢な生活を思いっきり楽しむのですね。

領域を跨《また》ぐことが上達のコツ

ピカソの場合、生活全体を芸術活動にかかわらせています。それがまた、エネルギー源にもなるからです。

仕事と生活を切り離すやり方で集中する人もいます。しかし、ピカソはそうではありませんでした。もちろん、仕事をしている時には集中します。しかし**仕事のモチーフは、つねに周囲の世界と密接な関係を持つことで得ていく**のです。

これは仲間の選び方にも言えます。ピカソには詩人の友達がたくさんいます。画家の友達ももちろんいますが、それよりも同じ業種でないつき合いのほうが、刺激を与えてくれるということがあります。同じ業種の場合、どうしても行動や考え方は似てしまいます。そういう集団の中が心地よいという人も多いでしょう。しかし、ピカソは違います。

詩人の仕事と画家の仕事は、本質的、芸術的な意図においては共通するものがあるかもしれませんが、実際の作業は大きく違います。**違う業種の人とつき合う方が刺激になり、そこで得たインスピレーションを自分の絵を描くという作業に反映した時に、まったく違うものができる**ということがあるからです。ピカソはそれを狙《ねら》っています。

ピカソの場合は、元々ある集団にずっと属していくタイプではありません。人でも、物でもそうですが、いつも新しい出会いを求めて、異なる人、異なる物の中からエネルギーのきっかけを持ってくるタイプです。

このように、**領域を跨ぎ越す**ということも上達のコツです。領域を跨ぎ越すというのは、自分の活動と全然違う世界の人のコツを自分が得ることなのです。

新たな自分のスタイルをつくっていく時には、こうした方法は有効に働きます。というのは、違う領域のものであれば、そのまま自分に適用しようとしても表現手段が違うので、当然アレンジしなければならなくなります。そこで自然に新しいものになるからです。

終わり方はわからないというスタイル

ピカソの創作のスタイルについて、長年ピカソの身近にいた画商のカーンワイラーは、「**ピカソの芸術はすべて告白だった**」という見方をしています。

「かれは漠然としたアイデアから出発し、計画を実現しながら練り上げていくため、当初のアイデアが根本的に変わってしまうこともある。かれは、いかに始めるかについては知っているものの、どのように終わるかについてはまったく知らない。（中略）これは、なにか新しいことをしたいというはっきりした意志というよりは、かれが自分のデモンに身を委《ゆだ》ねるときの全面的な自由に呼応するものである」（『カーンワイラー』）

「**いかに始めるかについては知っているものの、どのように終わるかについてはまったく知らない**」というピカソの創作スタイルは、自分の中に、いま生まれ出て、動いているものを、つねに最優先させていることによります。

この手法というのは、他の仕事をする時にも応用できるやり方です。

もちろん仕事の最終地点を見通すことは、ある程度は大事です。しかし、その途中で湧き出てくる偶然的な要素を、つねにマイナス要因ととらえてまったく取り込まない方法と、その**偶然的な要素をつねにプラスに含み込んでいく方法**とでは、大きな違いがあります。

たとえば、自分で本当にやりたい仕事があってそれを掘り下げて、最終地点まで見通してからはじめても、それでいい仕事ができるかといえばそうとも言えず、途中で煮詰まってしまうことがあります。そこでその時々に自分から生まれ出てくるもの、あるいは偶然に外から来るものを、つねに含み込んでつくっていくというスタイルが必要になるのです。

終わりを見通してから動こうとするのでは、どうしてもいろいろなことに挑戦することはできません。それでは、対象を絞ることにもなります。

しかし、**終わり方はわからないけれど、はじめ方はわかる**からといって、どんどん動いていけば、いろいろなことに手を出していくことができます。そのように多方面のことをはじめると、生命力というのは回転するものなのです。

これは**一つの形にとらわれない**ということにも通じています。後述するイチローも、バッティングフォームを完全に固め切らないということをつねづね言っていますが、形にこだわると動きがぎこちなくなってしまいます。だから、現在の動きの中で生産的な方につねに動いていった方が上達するのです。

ピカソは、本来自然に動いていくようなことを技法的に確立したということがいえます。それがピカソが最後まで創作エネルギーが枯れなかった大きな理由です。

このようにとらわれないということは、生命や身体が本来持っている柔軟さなのです。そして柔軟であるからこそ、生命力、エネルギーが循環し、ますます高まるのです。

［ピカソ］に学ぶ元気術

①エネルギーは使えば使うほど、湧いてくる

②まねることで人の技を自分のものにする

③強大なものに自己イメージを重ねてパワーを得る

④自らを発展途上の立場に置くことで、さらに上達できる

第二章　身体感覚を技にする

［宮沢賢治］　自然に身体と心をさらして自己を鍛える

宮沢賢治　みやざわけんじ

1896（明治29）〜1933（昭和8）

過酷な現実の中からこそ美しいものが生まれる

日本の詩人、童話作家の中で、おそらくもっとも人気があるでしょう。『銀河鉄道の夜』や『風の又三郎』などの童話、『春の修羅』といった詩はいまでも多くの読者を魅了してやみません。

しかし彼は単なるロマンチックなファンタジーの紡ぎ手ではありません。彼の前にも後にも「宮沢賢治のような」存在は生まれていないといえます。

賢治は 1896 年、岩手県花巻市の商家で育ちましたが、厳しい東北の風土の中、農民の苦しみを間近に見て、農民の生活向上を目指す実践家となろうとします。そして生涯結婚することなく、理想に向けて走り続けました。賢治の膨大な作品は、過酷な現実の中で、自然と触れ合い、宇宙と交歓するような生活の中から生み出されたのです。賢治の豊かなイメージの世界を紡ぎ出す技とは、どのようなものだったのでしょうか。

第一節　心を鏡にして外の世界を写し取る

「歩く」という技《わざ》

まず宮沢賢治の特徴的なことを取り上げると、**「歩く」ことを技としていた**点です。賢治は、運動神経はそれほどよくなかったと言われています。体育ではかなりの劣等生でした。彼は旧家の富裕な質屋《しちや》の子どもで、農家の子どもに比べると当然日々の運動量が少なく、顔色も青白く、身体が弱いということもありました。

しかし賢治は山に登るとなると、非常な速さで登る。**岩手山《いわてさん》という二〇〇〇メートルクラスの山に何十回も登って**いますが、他の人をしり目にグングンと登っていくので、「なぜ、あの運動神経のよくない賢治がそんなに元気に登っていくのか」と、みんなが不思議がるほどでした。

普通「体」といった時には多くの人は運動神経のことを考えます。どれだけ動きが速くできるか、筋力はどのくらいあるかなどと考えがちです。だから、筋力が弱く、素早く動けないと、劣っていると思ってしまい、体育の授業で自分の身体を嫌いになることがしばしばあります。

しかし「身体」というのは、そういう一面的なものではないのです。**人それぞれに運動によって自分にフィットしたもの**があります。

賢治の場合は、自分にフィットした運動が「歩く」ということでした。「歩く」ことは、あまり鋭い運動神経を必要としない、反復的な行為です。それ自体はむずかしくない、誰でもできることです。しかし、それをずっと続けていくとなると話は別です。賢治は、その続けていくという特性において、他の人よりも「歩く」、あるいは「速歩き」に向いていたわけです。**賢治は、いつも大股《おおまた》でグングン歩くようにしていた**ということです。賢治を知る人たちがみんな「宮沢賢治は非常な勢いで風のように歩いていった」と言っています。

自分が鏡になる心象《しんしょう》スケッチの手法

実はこの「歩く」という技が、賢治のいろいろな活動の中で大きな基盤《きばん》になっています。あるいは自信になっていたと思います。

それが一番はっきりしているのは、「心象スケッチ」という詩のつくり方です。「心象スケッチ」とは、机の前に座って、呻吟《しんぎん》して首を捻《ひね》りながら言葉を一つずつ書き連ねるというよりは、むしろ外に出て自分の目とか、体全体に入ってくる感覚や風景というものを書いていく、すなわち**心に映る外部の世界を瞬間的にスケッチする**という方法です。

自分の内側から湧《わ》き出る言葉を外に表現する方法ではなく、**自分が外のものを映し出す、いわば鏡になる**という手法です。しかも賢治の場合は、ただの鏡ではなく、独特な動く鏡なのです。

外のものが彼の中に入る――映る時に、いわば歪《ゆが》んでいる独特なものです。もちろん、外に出すこと――表現も特異ですが、**入る時に独特だというのが大変重要**なことです。

『岩手山』という、岩手山の風景を描いた詩があります。その詩を読んだだけでは、とうてい岩手山のことを書いたとは思えないような作品です。

そらの散乱反射《さんらんはんしゃ》のなかに
古ぼけて黒くえぐるもの
ひかりの微塵系列《みぢんけいれつ》の底に
きたなくしろく澱《よど》むもの

（『校本　宮澤賢治全集』第二巻）

「きたなくしろく澱む」という表現から、賢治にとって、**世界が液体化して見えること**があったと考えられます。液体の中に、たとえば土を入れてかき混ぜると、黒く澱んでスーッと沈澱《ちんでん》していくような、ドロドロとしたものとして岩手山が見えているわけです。

「心象スケッチ」として、自分の中にまっすぐに映ったものを素直に書くといっても、**映る鏡をある程度鍛《きた》えておかないと詩にはならない。鍛えるというのは独特なものにしておくということ**です。

誰でも外の風景を見て感じることはあるでしょう。しかしその時に、**私たちはそれを本当には見ていない**のです。

普通私たちは、世界を落ち着いたすっきりした形で見ています。それは、本当には対象を見ていないからです。「あれは岩手山だ」「あれは北上川《きたかみがわ》だ」というように、ある程度括《くく》って見ている。そうすると安心できるのです。

しかし、一度「岩手山」というものを外してしまって、そのもの自体を本当に見るとどうなるか。すると空の中で、なんか「古ぼけて黒くえぐるもの」、あるいは「きたなくしろく澱むもの」というように見えてくる。賢治の鏡が歪《ゆが》んでいるといったのは、そういう鏡を持っているということです。

賢治にとっては岩手山は本当に好きな山なのですが、そういう見方をする。そんな彼の詩に触れると、私たちはいつもすっきりとした鏡を持っているかのように思い込んでいるが、それはいくつもの先入観で外部の世界を濾過《ろか》しているのではないか、という疑問を突きつけられるのです。

私たちは、いわば世界の毒を抜いてしまっている。実はそこで私たちが見たり感じたりしているものは、外部の持っている本当の力というものを骨抜きにしてしまっている世界なのです。賢治の詩の世界では、まだ**自然の持っている強い力が濾過される前の形で残されている**のです。

自らを外部にさらすことを恐れない

なぜ賢治にはそれができたのか。それは、賢治自身が外部に身をさらすことを恐れなかったからです。

普通は、人は自分が外部に身をさらすのを恐れていると感じることなどありません。自分自身がいろいろな殻《から》をかぶっていること自体にも気がついていません。しかし、実際には人はいくつもの殻をかぶって生きています。

ところが詩人や画家は自らその殻を剝《は》いでいって、「ああ、あれは山だ」とは見ないで、**そのものの存在に出会っていく**のです。

賢治の場合は、岩手山に登るごとに、その殻がどんどん剝《は》がれていくような経験をしたようです。

賢治は岩手山に登ることを習慣にしていたと同時に、宗教的なある種の体験にしていました。**真夜中に二〇〇〇メートル級の岩手山の頂上に登って読経《どきょう》**しました。しかも、その読経する声があまりにも見事で、他の人がほれぼれするほどだったといいます。その話を、賢治の友人である佐藤隆房《さとうたかふさ》さんは、次のように紹介しています。

「大正十一年の十月も過ぎた寒い山を、花巻《はなまき》農学校の生徒たちを連れて、岩手山に登ったことがあります。（中略）月明《げつめい》を浴びて、賢治さんは頂上に登って行きました。（中略）やがて頂上のほうから、読経の声が澄《す》み渡って流れて来ました。信仰などにとんと関心のない生徒たちも感銘を受け、知らず知らずいつとはなしに跪《き》坐合掌《ざがつしょう》しておりました」（『宮沢賢治　素顔のわが友』）

賢治の童話には、**真夜中に山に登って夜明けを迎えた時の朝露《あさつゆ》のきらめき**、それが晴れていく時の風景が、仏様が現れる瞬間の風景としてよく出てきます。

普通の人は、真夜中に山に登って朝露が晴れるような風景を何度も見ることなど、まずしないでしょう。だいたい夜中に山に登るという酔狂《すいきょう》な人は少ないと思います。しかし賢治は、真夜中に二〇〇〇メートルの山に登り、海から昇る朝日を見ながら夜明けを迎えることを何度も何度も体験しています。

山歩きを一つの修行とする

山に登ることは、普通の人でもできることです。賢治は、別に超人的なことをやっているわけではありません。ただしそのことを、**自分を鍛え、感性を研《と》ぎすます技**として自覚して何度も繰り返しているというところに、普通の人との違いがあります。

賢治の場合は、**山に登ることが一つの修行**として設定されています。修行といっても、「苦しい」修行ではなく、賢治が理想とするような豊かさと光に満ちた世界というものを感じさせてくれる修行の場が山登りなのです。

豊かさと光に満ちた世界は普通の人にとっては理想であって、抽象的に「こんな世界になったらいいな」という程度のものでしょう。しかし賢治にとっては、岩手山に登った時は**身体感覚として「ああ、この世界こそが」と思う**のです。そこに賢治が「イーハートーブ」（賢治自身、「イーハトーヴ」「イーハートヴ」「イーハートボ」などと表記していますが、本書の引用文以外では「イーハートーブ」と表記しておきます）と呼んだ**理想郷としての岩手県**が出てくるのです。

しかし岩手の風土というのは、当時とくに厳しいものだったと考えられます。山形県で自ら農業をしながら、宮沢賢治や斎藤茂吉《さいとうもきち》などを研究していることで知られる真壁仁《まかべじん》は著書の中で、次のように言っています。

「賢治がイーハトーブと呼んだ岩手県は、じつは飢餓《けがち》の風土だったのである。明治三十五年、賢治六歳の年も冷害凶作、三十八年日露戦争の年は、川口小学校三年生であったが、この年はまた冷害凶作に見舞われている」（『修羅の渚』）

　真壁は、東北の貧しさ、土地の厳しさを知ることなしには、賢治は理解できないと言っています。賢治が岩手県を日本のイーハートーブと呼んで理想郷として語っているのは、**現実を変えていきたいという一つのスローガン**でもあるのです。そして、賢治はそんな岩手の風土をこよなく愛することができたのです。

　賢治自身は、こう解説しています。

「イーハトヴは一つの地名である。（中略）実にこれは著者の心象中に、この様な状景を以《もっ》て実在したドリームランドとしての日本岩手県である。

そこでは、あらゆることが可能である。人は一瞬にして氷雲の上に飛躍し大循環の風を従へて北に旅することもあれば、赤い花杯《かはい》の下を行く蟻《あり》と語ることも出来る。罪や、かなしみでさへそこでは聖《きよ》くきれいに輝いてゐる」（『宮沢賢治　素顔のわが友』）

速く歩くと世界が新鮮に見えてくる

「歩く」という技と心象風景の関連では、**歩く速度が速い**ということが大切です。あまりゆっくりと歩いていると、心象風景が変わっていきません。

賢治の場合には、どんどん過ぎ去っていく対象をスケッチするという手法です。風に身をさらして速く歩いていくことで風景が素早く変わっていく。その時に、「いま見えたのは、何だったんだろう」ということがあります。私たちが車で走っていても、「あれ、いまのはなんか変なものだったぞ。タヌキだったのかな」などと思えるようなことがあります。それは道端《みちばた》に木が転がっていただけだったのかもしれませんが、それが一瞬ほかの何かに見えたりすることがあります。幻覚ではないのですが、一瞬何かに見間違えるようなことがあります。

速く歩くことによって、自分の心の中を世界が通り過ぎていくような感じを抱くことができます。そのことが心を新鮮にさせて、じっくりと見るだけでは見えない世界の見え方ができるのです。

しかも賢治の場合、**そこで見えたもの、感じたものを、その場で言葉にしてメモ**しています。そのために賢治はいつも首からペンシルをぶら下げて、手帳を持って歩いていたといわれます。そしてその場で詩を書きつけると、「ほうっ、ほほう」などと飛び上がって喜んでしまうという、とても**素直な身体**を持っていたのです。

賢治の花巻農学校時代の教え子たちは、そんな賢治の様子を、こんなふうに語っています。

「ほうっ、ほほうというのはね、賢治先生の専売特許の感嘆詞でしたよ。どこでもかわまず、とつぜん声を出して、飛び上がるんです。
くるくる回りながら、足をばたばたさせて、はねまわりながら叫ぶんです。
喜びが湧《わ》いてくると、細胞がどうしようもなくなるのですね。身体がまるで軽くなって、もうすぐ飛んでいっちまいそうになるのですね。（瀬川哲男）」（『教師宮沢賢治のしごと』文庫版）

普通は、大人がこんなふうに、「ほ、ほうっ」などと喜びの声を上げながら、飛び上がったりはしないでしょう。この生徒たちの証言には、賢治が子どものように**素直にものごとに感動**し、またそれを**素直に身体で表現**したことがよく示されています。

私たちも、本当に何かに感動したり、喜んだ時に、こんなふうにその気持ちを素直に表現できれば、どんなにいいことでしょうね。大人になっても、時に体中で喜びを表現すれば、日頃のストレスも吹き飛ぶことでしょう。

「歩く」というのは、非常にシンプルな方法です。しかし、速く歩くことで心象スケッチにつながる、あるいは**山を歩いて登ることによって、日常的に自分の世界観を凝**

縮させることができるというような道筋を、賢治はつくっていったといえます。

これは、日本の詩人、文学者の中ではかなり特徴的なことです。賢治の場合、歩くことを通して、自分の身体を文学技法の中心に据《す》えているのです。詩人や文学者というと、どうしても身体を動かさないというイメージがつきまといますが、賢治の場合には、それとはまったく対照的です。

そういう**身体感覚を創作活動の中心**に据えたことで、賢治の作品がすべて生き生きしたものになっていると言えます。外の風、空気をすべて身体の中に取り込んでいるようになっています。それが、いかにもつくりものめいた童話とは違う宮沢賢治作品のリアリティを生んでいるのです。

賢治の童話は、他の人の作品とは隔絶《かくぜつ》して優れていると思います。それは作品の中に登場する人物であれ、動物であれ、ものであれ、一つひとつのものが生命を持ったものとして描かれているからです。

第二節　自分を厳しく鍛え上げる

知識と体験は対立しない

賢治のもう一つの技は、**知識というものをきわめてポジティブにとらえていた**ことです。水や火や鉱物、岩石、宇宙、星、空、植物など、あらゆる森羅万象《しんらばんしょう》についての科学的知識を、彼は非常に貪欲《どんよく》に吸収していきました。そのことが童話をつくったり、詩をつくる際の妨《さまた》げにならないどころか、その作品の魅力にもなっているのです。

そこで、宮沢賢治から私たちが学べることの一つは、「**知識と体験の深さというものは対立しない**」ということです。

学生たちに聞いてみても、「知識より経験が大事だ」と言う人が多いですね。

それは知識より体験の方が価値が高い。知識だけでは役立たない。知識をつめこむと感性が損《そこ》なわれてしまうと思うところから出てくるのでしょう。しかし、この考え方は浅いですね。この〝素朴な〟考えが、いま日本中を毒しています。

実際にはそんなことはまったくないことが、宮沢賢治を読むとよくわかります。賢治は、**繊細な感性の巨人**といえますが、その繊細な人が大変な知識欲を持っていたということです。

経験の深さは、知識の深さによってよりいっそう深められるということがいえます。

私たちは、たとえ珍しい石を見たとしても、感覚的に「おもしろい石だな」と思うだけで終わってしまいます。ところがこれは△△期の石灰岩だとわかれば、同じ石でも見え方が変わってきます。岩石・鉱物というものを、知識の深さによって細かく区別してとらえることができたとしたら、ただの断崖絶壁《だんがいぜっぺき》が単に景色として「すごい」と見えるだけでなく、そこが科学的にも大変な宝庫に見えてくるということがあるでしょう。

このように、**知識は世界を豊かに見る一つのコツ**です。科学的な知識というものは感性を阻害《そがい》しない。それどころか、むしろ人が気がつかないものに気づかせてくれ、感性を鋭くしてくれるという働きがあるわけです。

知識というものに対して感性を阻害する悪のように思う傾向は、学校教育への反発かもしれません。しかし、そういう思いこみは非常に愚かしいことです。それは自分をとりまく世界を貧しくする思いこみです。

宮沢賢治好きの人たちの中には、そこに夢見がちなファンタジックな世界を求める人も多いようです。しかし、賢治の世界は単にファンタジックなだけではなく、**世界を分類してとらえる技術としての知識**というものに裏打ちされた上での感性の世界なのです。

つまり、漠然と世界は美しいとか、平和を願うとか、夢見ることは素晴らしいとか思うだけではなく、「きちんと勉強して知識を身につけることには意味がある」というメッセージを、賢治の作品から受け取ることができます。

つねに自分を鍛える意志を持つ

賢治は、最後の最後まで自分を鍛えなければならないと思っていました。

そのことがよく出ているのが「疾中《しっちゅう》」という詩篇《しへん》です。この作品は、賢治が肺炎で倒れ、病床についた昭和三年（一九二八）から療養中の昭和五年（一九三〇）にかけてつくられたと見なされていますが、他の賢治作品同様に最初に書かれた形に手入れが重ねられ、その後の病状にかかわる作品も入れられているとも言われています。ですから、日付けの記された作品以外は、はっきりと年代が特定できるわけではありません。

この中に「風がおもてで呼んでゐる」という作品があります。

風がおもてで呼んでゐる
「さあ起きて
赤いシャッツと
いつものぼろぼろの外套《がいとう》を着て
早くおもてへ出て来るんだ」と
風が交々《こもごも》叫んでゐる
「おれたちはみな
おまへの出るのを迎へるために
おまへのすきなみぞれの粒を
横ぞっぽうに飛ばしてゐる

おまへも早く飛びだして来て
あすこの稜《りょう》ある巌《いわ》の上
葉のない黒い林のなかで
うつくしいソプラノをもった
おれたちのなかのひとりと
約束通り結婚しろ」と
繰り返し繰り返し
風がおもてで叫んでゐる

（『校本　宮澤賢治全集』第六巻）

病に倒れるまで賢治はずっと、表に出る生活を送ってきました。花巻農学校を辞《や》めて（大正一五年三月）からの賢治は、「羅須地人協会《らすちじん》」（注5）を設立して、自ら農作し、農村を巡歴《じゅんれき》しながら農民の肥料設計相談に応じ、農学校卒業生や農民を集めて稲作、

（注5）羅須地人協会　一九二六年、賢治が故郷花巻で発足させた。賢治は稲作の肥料設計指導や農家の若者に農業知識などの講義を行った。

園芸、肥料、農民芸術概論などを講義したりしています。

そうした活動による過労、粗食による栄養不足などで、賢治はだんだんと身体を衰弱させていきます。昭和三年八月、気候不順による稲作の不良を心配して風雨の中をあちこち駆けずり回り、風邪《かぜ》をきっかけに肋膜炎《ろくまくえん》にかかってしまい、実家に戻って病床に臥《ふ》してしまいます。この頃、書かれたといわれるのが「疾中」です。

賢治は外に出て、いつも**風の力、あるいは水、火、地といった外の自然の力をもらっていた**と考えられます。つまり、風が「約束通り結婚しろ」と叫んでいるという表現があるように、**自然と身体を交合させセクシャルな関係を持ち、芸術の方法として自らを鍛えてきた自分**を、賢治は強く意識しています。そして、そんな賢治が途中で倒れることなど許さない、「早くおもてへ出てくるんだ」と、風が迫っているのです。

賢治自身、自ら病気だからといってそんなところに寝ていてはいけないと感じているからこそ、「**風がおもてで呼んでゐる**」という表現に行き着くのです。賢治は、それほど強く自らを鍛えなければいけないという観念に駆られていたともいえます。それは、同じ詩篇の中の「こんなにも切なく」という詩の中にも色濃くにじみ出ています。

こんなにも切なく
青じろく燃えるからだを
巨《おお》きな槌《つち》でこもごも叩《たた》き
まだまだ練《きた》へなければならないと
さう云《い》ってゐる誰かがある（後略）
（『宮沢賢治全集2』文庫版）

「何もそこまで」と思ってしまうような厳しさです。こういう要素は、賢治の童話からではなかなか得にくいものです。しかし、**「鍛える」ということ**は、宮沢賢治の中では非常に重要な要素なのです。

「すべてのものに生命がある」

賢治は、知識に対して非常に貪欲です。だから、**世界のあらゆることに興味を持つ**ことができます。それは仏教の「すべてのものには仏性《ぶっしょう》（生命）がある」という考え方とつながっています。

たとえば、植物にも生命はある、石ころにも生命があると見ることで、世界はそれまでとまったく変わって見えてきます。すべてのものが生きている、「八百万《やおよろず》の神」のようにいろいろなところに神が宿っているというような見方は、一種のアニミズムとも言えます。

しかし、そうした見方が科学的な知識と対立するわけではありません。たとえば鉱物をよく調べていくと、見方によってはそれが何万年、何億年という時を経て生きているものであるかのように見えてきます。その生命のタイムスパンが人間とは違うというだけです。

「**火山岩の声を聞く**」「**鉱物の声を聞く**」といった表現が賢治の中にはよく出てきます。

賢治の童話の中では有名なものではありませんが、私が好きな童話に『**楢《なら》ノ木大学士の野宿**』という作品があります。宝石学の専門家である「楢ノ木大学士」という人が、「貝の火兄弟《けいてい》会社」の支配人からの蛋白《たんぱく》石を探してほしいという依頼に応じて、探しに出かけます。

この人物は、鉱物の話を聴き取ることができるという不思議な能力を持っています。探しに出て野宿をするのですが、「野宿第三夜」に中生代《ちゅうせい》の雷竜に食われる夢を見て、ほうほうのていで引き上げてくるという話です。

楢ノ木大学士が**自分の身体と鉱物たちとの間に幸福な関係**を築いているのは、「野宿第二夜」のこんな表現からもわかります。彼は、誰かが言い争う声を聞いて眼を覚まします。そして手を叩いて喜んで、こんなふうに言います。

「ははあ、わかった。ホンブレンさまと、一人はホルンブレンドだ。すると相手は誰だらう。わからんなあ。けれども、ふふん、こいつは面白い。いよいよ今日も問答がはじまった。しめ、しめ、これだから野宿はやめられん」（『校本　宮澤賢治全集』第八巻）

決して話すことのないはずのものの声を聴くことができるというのは、考えてみると研究者の力です。鉱物の研究者などは鉱物自身はしゃべらないにもかかわらず、それを非常に注意深く見ているうちに、鉱物が生きてきた歴史を鉱物自身が語りかけてくれるような感覚を味わうのではないでしょうか。

何かとつながっていることがパワーの源泉

賢治は、山を歩く時にハンマーを持って、あちこちを叩き回っていたという話があります。真壁仁はこう書いています。

「七《なな》ツ森《もり》、南昌山《なんしょうざん》、鞍掛山《くらかけやま》など盛岡近郊の山々に出かけるときは必ず腰に一丁の金鎚《かなづち》がはさまれており、山の石コたちはこの金鎚の洗礼をうけた。そのころ星座の勉強にも熱中し、弟清六に『私達は毎日地球という乗物に乗っていつも銀河の中を旅行しているのだ』というような話をしている」（『修羅の渚』）

石コロのような小さいものから地球のように巨大なものまで、そのすべてを自分とかかわりあるものとして生きたいという強い思いが、賢治にはあるのです。何かとつながっているということが、賢治の場合はパワーの源泉になっています。

地球や宇宙とつながっているという考えは、まだわかりやすいかもしれません。しかし普通は、鉱物、岩石などとつながっていると思うのは、むずかしいのではないでしょうか。鉱物とつながるという感覚は、地質学的な興味、知識がなければできないでしょう。

賢治の場合、知識を持つことによって**「つながりたい欲求」**を実際に満たしています。
賢治にとっては、**科学的な認識が宗教的な境地ともつながっている**のです。宗教という神秘主義的なものと科学という合理的なものを共存させ、連動させていくのが、賢治の場合には一つのスタイルになっています。

この賢治のスタイルから私たちが学べることは二つあります。

一つは、私たちはしばしば「文系」「理系」という分け方をしがちですが、そういう分け方をすることは、偏見にとらわれたばかばかしいことだということです。

詩を書くことは、いわゆる「文系」の分野の仕事の代表と見なされがちです。しかし、賢治の詩には「文系」も「理系」もありません。

当時はいまほど「文系」「理系」などと区別してはいないと思いますが、一般的には、理科的な知識と文科的（文学的）な素養というものは、両立しにくいと思われています。

たしかに教科の科目として考えると、全然違うように見えます。しかし、世界と深くかかわる、つながるという観点からすると、どちらの学問分野であっても同じようにその活動に組み込めるのです。そのことを賢治はその詩で実践して見せてくれたといえます。

ですから、学校教育的な枠で、どの教科が得意・苦手だから、自分は文科系の人間だとか理科系の人間だとか決めつけてしまうのは愚かしいことです。それよりも、まず**世界そのものとつながりたい**という欲求の方が大切なのではないでしょうか。

私たちが賢治から学べるもう一つのことは、賢治にとって道端の石から宇宙までを往復することが大切なことだったように、**ミクロ（小さいもの、小さい世界）とマクロ（大きいもの、大きい世界）の間を自由に往復**できることの大切さです。

あるいは宗教と科学というように、普通ならば両立できないようなものを両立させることができるということです。あるいは、どちらかといえば個人的な領域といえる文学的活動と、公的、実業の領域、それは農業改革をして、岩手の土地をよくして人々を救いたいという実際の活動との両立です。

ただ賢治は、その農業改革を実践することで体を壊してしまいます。彼の場合は元々が身体が頑健《がんけん》ではないので、農民と同じような仕事をすることには無理があったのでしょう。それでも賢治の中では、**直接に人に役立つことをしたい**という思いが非常に強かったのです。

賢治の倫理観と哀しみの体験

宮沢賢治という人は、いわば**倫理観の権化《ごんげ》**のような人物です。志がものすごく高い。普通、倫理観の権化になってしまうと、そういう人の書く作品は、平板でつまらないものになりがちです。だいたいは自分の道徳を押しつける、一種のスローガンの反復のような作品になってしまいます。表現にもバリエーションがなく、生き生きとした実感がなくなりがちですね。

しかし、賢治の童話や詩を読んでも、そういう単純なスローガンの押しつけに陥ってはいません。倫理観というものを中心に据えていながら、それが原動力になって、生き生きとした豊かな世界をつくり出しています。ここが賢治のすごいところですね。

賢治の場合には、なぜそのような倫理観の押しつけにならなかったのか。それには、賢治の中にある**悲哀――哀しみの体験**が大きかったのではないかと考えられます。

まず一つには、彼の幼時期の体験があります。彼は幼い頃から、浄土真宗《じょうどしんしゅう》（注6）の代表的な経典である「白骨《はっこつ》の御文章」を伯母《おば》から毎日のように聞かされて育っていま

（注6）浄土真宗　浄土教の一宗派で、開祖は親鸞《しんらん》。法然《ほうねん》の念仏為本に対し、信心為本をとり、阿弥陀仏《あみだぶつ》の他力回向《えこう》を往生の本義とする。

す。その中に「**されば朝《あした》には紅顔ありて夕《ゆうべ》には白骨となれる身なり**」という文章があります。朝（若い頃）にはどんなに美しくても、夕（最後）には必ず骨になってしまう。幼い子にこんなものすごい内容の言葉を毎日聞かせたのです。それではいくら幼い子どもであっても、この世に存在することの哀しみのようなものが、染《し》みこんでしまったことでしょう。

こうした**無常観**を心の奥底に叩き込まれると、その結果どうなるのでしょうか。**人間がこの世に存在していることは悲しいこと**だという寂寥《せきりょう》感が子どもの頃にジワッと入ることで、賢治が活力をなくした人間、投げやりな人間になったのかといえばそうではなく、まさに反対でした。そこがおもしろいところです。

普通は心に「哀しみ」があると、「元気がなくなる」と思ってしまいます。だから、人は哀しみに目をつぶったり、遠ざけようとします。ことに一九八〇年代以降は、そういう傾向が加速しましたね。「哀しい」ことはダサイ、たとえあっても見ないというのが、一種の時代の空気のようです。

しかし、だからといって私たちが元気になったかというと、そうではないですよね。**本当の活力の源というものは、哀しみとセットになっている**のではないでしょうか。

そこが人間の心の微妙さでもあるのです。

賢治にとって、もちろん世界は素晴らしいものだという意識があります。しかし、当時は冷害による飢餓《きが》もあり、また洪水など天変地異などで人が死んでいくという風土の問題もありました。**「この世界とはいったい何なのだろう?」**という問いが、自分に強く突きつけられたはずです。それだけ、この「白骨の御文章」のような無常観を説く経文《きょうもん》が心に染み込むわけです。

賢治の作品がその倫理観に裏打ちされながらも、単調なスローガンにならず豊かで生き生きした世界をつくり出せたのは、彼の心の底に哀しみが染み込んでいたからなのではないでしょうか。

ひと月三〇〇〇枚という猛烈な創作活動

賢治が幼い頃から影響を受けた「白骨の御文章」は浄土真宗の経文ですが、賢治は途中で法華経《ほけきょう》（注7）の影響を受け、そちらに強くのめり込んでいきます。そのことが

（注7）**日蓮宗**　日蓮を開祖とする日本仏教の一宗派。「法華経」を根本経典とし、その題目を唱え、本尊・題目・戒壇の三大秘法と即身成仏を説く。

父親との対立の一つの原因にもなります。

他力本願の浄土真宗に比べると、法華経（日蓮宗《にちれんしゅう》）の教えには激しいところがあります。そこで賢治は修行の世界に憧《あこが》れ、家出をし、東京に出て、日蓮宗の実践団体である「国柱会《こくちゅうかい》」をたずねます。大正一〇年（一九二一）一月、賢治が二四歳（満）の時です。

「国柱会」に通いながら生活する中で、賢治は「自分には大地があり、岩手の山や丘、野原や生きとし生ける鳥や獣たち、そして大地に根をはる農民という仲間たちがいる。**それらの者に呼びかける手段として詩歌文学**がある。それを通じて自分は法華経に帰《き》依《え》することが一番だ」（『宮澤賢治物語』）というように、自分が得意とするところで信仰を実践すればいいのだ、と思い至ります。

そして、まさに猛烈な生活ぶりを実践します。午前中は印刷場で四時間ほど筆耕《ひっこう》の仕事をして少しでも生活費を稼ぎ、午後から夜にかけては「国柱会」での奉仕活動、夜八時過ぎに下宿に帰って、粗末な夜食をすませてから創作活動という生活です。

この時の旺盛《おうせい》な創作ぶりについて、竹澤克夫は次のように書いています。

「**一月間に約三千枚の原稿を平均して書いて**いった。次から次へと文章が脳裏に浮かび上がり、それは彼のペン先きから奔流《ほど》ばしった」（『宮澤賢治物語』）

一ヵ月に三〇〇枚というと一日に一〇〇枚ですよ。これは何でもいいから書いてみればわかりますが、とんでもないペースです。ひたすら書き写すだけでも一〇〇枚となると、ほとんど眠る時間もないでしょう。それを賢治は、夜の限られた時間で傑作を書き続けていったのですから、驚異的ですね。

この東京での暮らしは、その年の八月に妹のトシが病気になり、「トシビョウキスグカエレ」という電報を受けて帰郷するまで続きました。

賢治は何度か上京していますが、大正一五年（一九二六）八月に「羅須地人協会」を設立した後の一二月にも上京しています。この時は三週間ほどの滞在ですが、その間のスケジュールはタイピスト学校に通い、セロ、オルガン、エスペラント語まで習うというすさまじいものです。

その年の一二月一五日の父宛《あて》の封書で、賢治は次のように書いています。

「毎日図書館に午後二時頃まで居てそれから神田へ帰ってタイピスト学校、数寄屋橋《すきやばし》側の交響楽協会とまはって教はり午後五時に丸ビルの中の旭光社といふラヂオの事務所で工学士の先生からエスペラントを教はり、夜は帰って来て次の日の分をさらひます。**一時間も無効にしては居りません**。音楽まで余計な苦労をするとお考へでありませうがこれが文学殊《こと》に詩や童話劇の詞の根底になるものでありまして、どうしても要《い》るのであります。もうお叱《しか》りを受けなくてもどうしてこんなに一生けん命やらなければならないのかとじつに情なくさへ思ひます」（『宮沢賢治全集9』文庫版）

これは賢治が父親にお金を送ってくれという手紙ですが、超過密のスケジュールなので、賢治自身、**「あまりに一生懸命勉強して情けなくなってしまう」**と嘆いているほどです。

お金を稼ぐよりも大きなことに燃焼したい

賢治は一生の間でお金を稼いでいる時期は非常に短く、経済的にはずっと父親の世話になっています。そのため、経済観念があまりなかったようにも言われています。

しかし賢治は、お金を稼ぐことに鈍感だったわけでもわがままだったのでもありません。それ以上に彼には、「一時間も無効にはしては居《い》ません」というように、どうしてもやらなくてはならないことがあったのです。

今日、明日生活するためのお金を稼いで、結婚して子どもをつくり、育て、それで一生を全《まっと》うするというのが普通の生活です。それはそれで立派なことですが、賢治は結婚する意思などはじめからなかったようです。

賢治は、そのような**生活を維持するために使うエネルギーをすべて、もっと大きなものに燃焼しつくしたい**という思いがあったのです。最後はおそらく『よだかの星』（注8）のよだかのように燃え尽きて、死んでいくというイメージを自分に重ねていたのではないかとさえ思えます。

さきほどの同じ父親への手紙の中で「わたくしは決して意志が弱いのではありません。あまり生活の他の一面に強い意志を用ひてゐる関係から斯《こ》ういふ方にまで力が及ばないのであります」（『宮沢賢治全集9』文庫版）と言っています。

これは**一分野に向かう、あまりに強い意志があるから、他の分野が弱くなってしまう**のであって、自分は意志が弱いわけではないというわけです。いま宮沢賢治を知る者にとっては、この言い訳は実におもしろいものですね。

（注8）『よだかの星』　よだかは、みにくい容姿でみなから嫌われ、ばかにされている鳥。名前が似ているのを嫌がる鷹《たか》に「名を変えろ」と言われ、神より授かった名を変えることができないよだかは、死を決意。星の仲間になろうとして星たちに断られながらも、どこまでもどこまでもまっすぐ空へのぼっていき、星になる。

宮沢賢治の父親というのは、ある意味でとても父親らしい父親です。賢治に家の商売の後を継いでもらいたかったのですが、途中でこれはとても向いていないと思ったのでしょう。変な方向に行ってもらっても困るし、仕方ないけれど、という感じで援助し続けています。

子どもへの自分の望みがあっても、自分の意志を子どもに押しつけない。「困った子だ」と思いながらも、子どもの希望をかなえてやろうとするのですね。なかなかまねできない、いいお父さんですよね。

そうした生活背景の中で、賢治は自分の過剰なまでのエネルギーを勉強するということを通してもっと大きく社会に還元したいと思い、それを貫いていったわけです。

大きな目的を持った方がエネルギーが湧いてくる

学問をするのは、自分が出世したいとか金を儲《もう》けたいというよりは、社会をよくしたいためであるというように、**大きな目的のためにやっているのだという思い**を抱いていた人は、賢治のような天才ではなくても、一時代前にはずいぶんいたのではないでしょうか。

こういう意識を持っている方が向学心は持続します。**自分だけのためにやるよりも、もっと大きなもののためにやる方が、エネルギーは湧いてくる**ものです。

人は自分以外のもののために力を注ぐと、自分のエネルギーが奪われるかのように思いがちです。しかし、自分だけのためにやる、それが一番無駄がないかのように思うのは、その人のスケールを小さくしてしまいます。

自分のためというよりも、もっと大きなもののためにやっていると思うことによって、活力というのは循環し続けるものです。こうした考えは、当時は賢治だけではありません。多くの人たちが、自分が学問をすることで社会をよくしたいというように、大きな目的のためにやっていたと思います。賢治の場合はそれをかなり徹底して追求して、**シンプルに向学心をかき立てた**といえます。

ことに賢治の家は旧家で質屋を商売にしていました。その点で、彼には農業のように本当に体を使って働いている人の上前《うわまえ》をはねているという意識がずっとあったのではないでしょうか。だからこそ、そのお金を使って勉強させてもらっている以上、自分も必死になってやらなくてはいけないという強い向学心に結びついていたようです。

宮沢賢治の作品として、ほとんど誰もが知っている「雨ニモマケズ／風ニモマケズ／雪ニモ夏ノ暑サニモマケヌ／丈夫ナカラダヲモチ／欲《よく》ハナク……（中略）……ミンナニデクノボウトヨバレ／ホメラレモセズ／クニモサレズ／サウイフモノニ／ワタシハナリタイ」という「雨ニモマケズ」という詩があります。この作品は、昭和六年（一九三一）、賢治が死の二年ほど前、肺炎に倒れた時に病床で手帳に書きとめられたものです。

真壁は『修羅の渚』の中で、「『ワタシハナリタイ』と願望の形で言っているが、こういう生活を賢治は既《すで》に実践しているのであり、とくに賢治の生活を知っている人にこの句が強くひびくわけだ」（『修羅の渚』）と言っています。

しかし農民の願望は、このような賢治の願望とは違うと、次のように指摘しています。

「農民の願望は、少しでも楽な、人間並の衣食住生活をしたいということにつきていた。従って、この詩のような願望は農民のものではなく、衣食住に不自由ない富裕な家庭に育った宮沢賢治が、自分のそうした生活に別れて農民の困苦を分かちあいたいという下向きの念願であると見なければならない。（中略）賢治の農民詩は農民の詩

でなく、農民への詩である」（同書）

たしかに農民がつくらないような詩です。しかし、「どうしてこんなに一生けん命やらなければならないのかとじつに情けなくさへ思ひます」と、自ら言うほどに一生懸命に学ぶことに賢治を駆り立てていたのは、**「農民の生活を向上させる」という大きな目的**に自分の学問を役立てたいという思いだったといえます。

第三節　禁欲をエネルギーに転化する

禁欲してパワーを高める

賢治の中でおもしろいのは、性欲への対し方です。『春と修羅』という有名な詩篇があります。

なぜ季節が春なのかというと、春というのはすべての生命が萌《も》え出《い》ずる時で、ことに岩手県のように雪に埋もれている季節が長い地方では、春は生命の発露の時期、感動的な時期なのです。静岡出身の私のように雪の降らない地方の人間には想像できないほど、春には感動があるのでしょう。

春という季節を人間に当てはめてみると、ちょうど一〇代の後半あたりから二〇代のはじめの年齢にたとえられます。まさに性欲が満開になる季節です。**性欲が自分の中でとてつもないマグマのように突き上げてくる時期**で、それが自分を修羅にするものでもあるわけです。

もし、人間に性欲がないとすると、人間の〝修羅〟はずいぶん弱くなると思います。数多くの犯罪などは、性欲が元になって起こるケースも多いでしょう。そう考えてみると、性欲というものが引き起こしている「修羅」の状態、それが『春と修羅』の中では根底的なテーマになっていると見ることができます。

詩の中に直接そういう表現が出てくるわけではないので意外かもしれませんが、賢治は非常に強く自分の中の性欲――修羅というものを意識していたのです。

食べることと性によって生物は自分を維持し、さらに次の世代を生み出していきます。ですから、**食と性の問題は生命の根本**なのですが、それ故《ゆえ》にこれがやっかいなことに修羅にかかわってきます。

賢治はちょっと極端なのですが、**自ら実際に性的な行為をしないと決めてしまっています**。そのことが、**自分の中の修羅を意識するという訓練にもなっている**のです。普通ではちょっとまねのできないことですね。

禁欲せずにすぐに性的な行為をしてしまうと、自分の中の性の持つパワーというものを、それほど強く意識することはありません。しかしそれが抑えられていると、たとえれば、自分の中にとてつもないマグマをつねに抱え込んでいるような状態になります。

賢治の場合は、あきらかに意識的に自分の生命力が開花する元でもある性欲を禁じています。しかし、そのエネルギーは当然はけ口を求めます。その**禁欲によって高まったパワーを、作品の上にぶつける**という方法をとっているのです。

ある時期に一つのことに集中する

賢治も、すでに取り上げたピカソ同様に大量の作品を残しています。しかも、非常に短い期間に多くの童話を一気に書いています。

最後の『銀河鉄道の夜』が最高傑作であることには疑いがないのですが、初期の童話も、ほとんどがおもしろいものです。ピカソにも、後述するイチローにも通じますが、賢治の読んだ本の量、書いた作品の量というのも、非常に多い。

本を読むのは、訓練さえすれば誰にでもできることです。それでは、その量をどうやって増《ふ》やしていくか。量を増やすことで大きな差を生むということに、普通の人はあまり自覚がありません。

賢治の場合でも、**膨大《ぼうだい》に書くことができたのは、そのもとに膨大な読書量があったから**です。そして、豊富なインスピレーションが湧いたその時を逃さずに、一気に大量に書いてしまう。これは普通の人が仕事をする、あるいは勉強する上でも重要なコツといえます。

自分にとって波が来る時というのがあります。そういう**波が来た時には、躊躇《ちゅうちょ》せず大量にやり切ってしまう**というのが、仕事のスケールを大きくするコツです。

多かれ少なかれ、誰にでも、ビッグウェーブ（大波）が来る時はあるのです。その波が来た時には一気に乗らないと、なかなか次のステージには行けません。そして、そのステージに行ってみないと、その次のステージ（段階）も見えないものです。

これは**コツコツと仕事をすればいいというのとは対照的なやり方**といえます。賢治の場合、たとえば月に一作ずつ童話をコンスタントに書き続けたから、あれほど膨大な作品数を残せたというわけではありません。創作する時には、それこそ何十作も一気に書いたのです。そして実際の農業活動をする時期もありました。もちろんいくつかを並行してはいますが、ある波が来た時には、一気にそこに全力を尽くすというやり方です。そういうやり方だからこそ、量をこなすことができ、それが質を高めることに転化していくのです。

賢治は平均的に仕事をしているわけではありません。波が来た時には一ヵ月で三〇〇〇枚も、一心不乱に書いてしまう。こういう**集中的な時間の使い方**というのは、サラリーマン社会で多くの人たちが見失っている時間の使い方なのです。みんな、そんなに集中しないように、グレードを上げないように、ステージを上げないように工夫しているのではないかと思えるほどです。もったいないことに、せっかく膨大な時間を仕事に使っているにもかかわらず、細切れにしている。そうした方法は、自らの天才を封じ込めるためのマイナスの工夫としか思えません。

会社も社員の能力を最大限活用したいのなら、たとえば、ある社員に「波」が来たとなったら、その人に徹底的にやりたいことをやらせる。成果もすぐには求めず、一ヵ月、二ヵ月でも自由にしてみたら、かなりおもしろい仕事ができるのかもしれません。

波が来た時に集中してそのことだけをやるという技は、別に芸術にしか通用しないというものではありません。ほかのどのような仕事であっても通じる技術です。みなさんもどんどん試みてください。

ビッグウェーブを逃さない

集中期に入った時の高速回転で産み出される作品や仕事は、量も多いし、質的にも高いものです。人によって、そのスタイルは違います。しかし、ある時期に大量に仕事をするというスタイルは、過剰なエネルギーを持った人には似合っているのです。

逆に言うと、そういう集中的な活動を一度でも期間はたとえ一ヵ月であっても、それまでの人生で体験した人は、その後は仕事の全体像が見えるようになるので、膨大な仕事量に対しても恐れがなくなります。

大量に仕事をしている人は、外から見るとまるで狂気に駆られているかのように見えるかもしれませんが、当人は、その最中は冷静なものです。「自分はこれだけ書けるんだ」「これだけやれるんだ」という**量に対する自信があるので、仕事を着実に進められる**のです。

ただ、波が来てない時に無理に集中して多くの仕事をしようとすると、辛いものがあります。波が来ていない時に無理をするよりも、波が来た時にそれを逃さないことが大事なのです。

どんな人でも波が来る時があるのです。人によっては、せっかく波が来ても、日常の延長の意識でいると、その波を小さいままで終わらせてしまう。**「よし波が来た」と感じた時には、その波を大事にして自分で大きくしていくという工夫が必要**です。賢治で言えば、「いま、童話を書く波が来た」と思った時には、とにかく童話を書くことに集中しています。その時には童話についていままでの人生で得ている材料を全部噴出させることができるのです。

その前には、もちろん蓄積の時期があります。自然の中でいろいろな経験をするという時期もあるし、家にこもって人の書いたものを読むという時期もあります。そういったいろいろな時期があって、やがて生産的な時期がやってくるものです。

集中できる波というのは、ほかの仕事にも、勉強にもあります。受験勉強をしなければならないという枠にはめられている時には、なかなか集中して勉強するという波が来ないものです。しかし、受験勉強の期間の一年なら一年のうちの短期間、たとえば一ヵ月であっても、その波が来ることがあります。そこに入ったら、その波を逃さないことが大切です。

ところが、自分がいま集中してやることができるということに、人は案外と自覚がありません。だから、せっかく波が来ても逃してしまいます。それで、いつもだらだらといやいやながら勉強をする、あるいは仕事をすることになりがちなのです。

自分の中に「集中してできるぞ」という波が来た時に、敏感にそれに対応できるためには、自覚的にならないといけない。そして**波が来た時には、それに乗ってしまう**ことです。

過剰なエネルギーは誰にでもある

集中して大量の仕事なり勉強なりをするためには、**自分の中の過剰なエネルギーを恐れない**ことが大切です。人には本来、誰でも過剰なエネルギーがあります。

しかし日常的生活の中で、毎日コツコツやることに慣れ切ってしまうと、数日間でも寝食を忘れるほどに集中してやるということさえできなくなってしまいます。あるいは、自分の中にそんな過剰なエネルギーがあることにさえ、気づいていないのかもしれません。

いまの学生は熱中して何かをすることがあまりないと言われますが、実際はそんなことはないと思います。

私の体験でも、学生たちとゼミの合宿などすると、昼間は研究会をやり、空き時間があればテニスをやり、夜は夜で飲みながら延々と議論をしている。二日や三日くらい寝なくてもまったく平気です。私などはもう二日も徹夜することはできませんが、学生たちは平気でそれができます。若いからでもありますが、彼らにはそういう過剰なエネルギーがあります。この**エネルギーを生産的なことに結びつける**ことができれば、集中的な仕事ができるはずです。

また先日、小学生の子どもたちを集めて、集中授業を行いました。朝から晩まで、しこを踏んだり、朗誦《ろうしょう》・暗誦したり、むずかしい本を読んだりといった、身体も使えば頭も使うというカリキュラムを朝から夜まで三日間やりました。

最初の日は、子どもたちは夜になるともう疲れてぐったりとしていました。しかし、二日目、三日目となるとずっと楽になって、夜になっても元気なのです。そんなハードなスケジュールにも、子どもたちはすぐに慣れるのです。

ある活動をシンプルにして、その反復に入る。たとえば、本を読むというゾーンに入ったら、それをやり続ける。ある時期、たくさんの本を読めるという、そういう時期にはいくらでも本を読むことができ、しかもそれがどんどん頭に入ってくるものです。

自分の中に抱え込んでいる過剰なエネルギーを活用するためには、**集中してあることをやってみる**という訓練をしてみることです。

場所を変えるという工夫

賢治の場合、自分の居場所を変えて、その場所の力も活用しています。これも、集中力を高める工夫の一つです。

賢治はたまたま岩手県に生まれましたが、この東北という風土をフルに活用しています。東北的なもの、自然の厳しさ、美しさなどさまざまな要素がありますが、そういうものをフルに稼働させて作品をつくっています。

自分の生まれ育った風土をフル稼働させるということが、まず一つあります。先に取り上げたピカソもスペイン的なエッセンスを凝縮《ぎょうしゅく》させている闘牛がとても好きで、それを自分の創作の中に取り込んでいます。牛の持っている異常な力、血の香りなどを自分の中に埋め込むわけです。そこで生まれ育ったからこそ、自分の中にあるものとして意識できるのです。賢治の場合も、**自分の内側に入り込んでいる風土を利用**しています。

月に三〇〇〇枚書いたのは主に童話ですが、この時は岩手の土地を離れて東京にいました。同じ東北から東京に出てきても、「ふるさとの訛《なまり》なつかし」と詠《よ》んだ石川啄木《いしかわたくぼく》のようにノスタルジーに浸《ひた》るだけではありません。東京は日常の場ではなく、いわば留学しているような状態です。非日常の場で、没入するにはいい空間だったわけです。しかも**故郷にいないほうが、かえって故郷を思い描ける**ということがあります。違う場所に来ると、「生まれ育ったあの場所は、自分にとってこういうところだったんだ」と、わかることがあります。

また、普段いる場所ではない方がテンションが上がることもあります。普通の人でもそうですが、日常生活の場にいると、そこに慣れて惰性《だせい》に埋没《まいぼつ》してしまいます。

さらには、**東京という都市の持っているパワー**があります。ことに東京という都市にはいろいろな刺激があり、文化的なレベルが高いところです。当然、岩手とは別種のパワーが東京にはあります。人が集まる都市には、いろいろな人が持っているテンションの高さが凝縮している。その都市のパワーに支えられていたからこそ、それほどまでに大量の仕事ができたといえます。逆に賢治が山にこもって、月三〇〇〇枚書けたかどうかといえば、それはむずかしいのではないかと思います。

自分を刺激してくれる、インスピレーションを与えてくれる場所を見つけ、そこで創作活動をするということも一つの技なのです。賢治は、時折、ひと月単位で（すでに述べたように、家出をして出てきて、月に三〇〇〇枚書いた時には半年ですが）東京に出ています。このことは、賢治の創作活動にとって非常に大きな役割を果たしています。

このように**場所のエネルギーを活用する**ことは、非常に有効な技です。

たとえば、こういうことが言えると思います。大学に行く時に、経済的に負担がかかるので自分の生まれ育った地元の大学に行く、すなわち親元で暮らすという人も多いと思います。それはそれでいいのでしょう。しかし、地方で育った人が学生時代に東京に出てきて、東京という都市で四年間暮らす。そういう人が東京の大学を卒業して故郷に帰ったとしたら、パワーはかなりアップしているのではないかと思います。

私自身が地方から出てきたのでなおさら感じるのかもしれませんが、地方から東京に出てくると、やはりそのパワーに圧倒され、びっくりします。あらゆることが刺激になります。

だんだん年をとってくると、そんな東京の雑然としたパワーが耐えがたくなることもありますが、若い時にはやはりそのパワーが刺激になって、自分をインスパイア（鼓舞）してくれることが多い。ですから、**自分をインスパイアするために、場を変えてみる**という工夫は、誰でもが試みていい技です。

賢治は、まさに場所を変えるという方法をフル活用しています。賢治は一つの優れたモデルですが、自分の活動の種類や質に応じて、自分のエネルギーに見合った場所を見つけることは、シンプルな方法ですがとても有効なのです。

第四節　複数の自己イメージを持つ強さ

主観と客観を往復する

賢治は、主観と客観というものを非常に上手に使っています。客観というのは、科学的知識です。主観というのは、自分がその世界をどう感じたか、どう見えたかということです。賢治の場合、地質学的な知識――客観と、自分が感じる主観をつねに往復できています。これが賢治の作品のスケールを大きくしています。

主観を徹底すればたしかにすさまじい作品になるのかもしれませんが、失敗すると単なる独《ひと》りよがりになりかねません。客観だけになってしまうと、「それじゃあ、お前はどう感じているのか、どう見ているのか」と言われた時に、自分の考えは何もないということになりかねません。

賢治は**意識的に主観と客観を往復する**ことで、彼の感性、ものの見方をはっきりと出しながらも多くの人に通じる素晴らしい作品にしているのです。

私は「**三色ボールペン**」を使い、青、赤、緑で色分けして線を引きながら本を読みます。青と赤が客観的に大事だと思われる部分、青は「まあ大事」で赤が「すごく大事」、そして緑は主観的に「おもしろい」と思った部分です。こうして、緑、青、赤をカチカチと繰り返しながら読むことで、**高速にスイッチを入れ替える**ように、主観と客観を往復しています。このような主観と客観との往復というのは、大切な訓練になります。

文学作品でも絵画などでもそうですが、芸術作品はまず人に「きちんと伝わる」ことが大事なことです。そういうクリアさがあることは天才の一つの特徴です。

クリアだということは、仕事に関して非常に客観視できているからです。だから、「いま何をやっているのか」と人から聞かれた時に、「こういうことをやっている」と説明できるものなのです。

天才を解釈する時、狂気を結びつける方法がありますが、そのように天才の奇妙な面、不可思議な面だけを取り出して、その人を理解しようとするのは、一面的になることがあります。なぜなら、天才の仕事が常人から見て狂気じみて見えるのは、その組み合わせがすごいからなのです。たとえば、このくらい努力すればこれほどの本を読めるとか、これほどの努力をすればこれだけのたくさんの原稿を書けるというように、いくつものことを組み合わせて天才の仕事は成り立っています。

その一つ一つを分解して取り上げて、たとえばそのうちの一つであれば、私たち凡人であってもできないことはないと思います。

天才というと、大変な思いこみの世界に生きているかのようにとらえられがちですが、**逆に彼らはその世界を熟知していて客観視する能力を持って**います。

岡本太郎《おかもとたろう》（注9）のように、「芸術は爆発だ」などとあの顔で言われれば、多少、この人は狂気じみているのではないかと、疑いたくなるかもしれません。しかし、彼が書いているものを読めば、「どうすれば、あの巨大な存在であるピカソに対抗するような素晴らしい作品を生み出せるのか。自分は何ができるのか」というクリアな意識を持って仕事をしていたことがはっきりわかります。そしてその一環としてのパ

（注9）**岡本太郎**　一九一一〜一九九六年。洋画家。岡本一平・かの子の子。一九二九年東京美術学校入学後すぐ渡仏。一九四一年帰国。超現実主義的な作風から、戦後は〈対極主義〉による社会的アレゴリーの表現に向かった。大阪万博の「太陽の塔」は有名。

フォーマンスなのです。パフォーマンスだけを見て、それに惑《まど》わされては、彼の仕事の本質を見失います。彼は自分の美術の世界を非常に客観的に見ているのです。

ピカソであれば、絵画の世界を若い頃から熟知している。**自分が生きている、その世界を知り尽くしているから**こそ、自分のやっている仕事を客観的に見ることもできるのです。天才は、狂気にまかせて仕事をしているわけでは決してありません。

自分の仕事に戦略意識を持つ

天才から学べないと思っている人は、天才を狂気じみたところがあるととらえて、だからまねしてはいけないと思うのでしょう。

むしろ天才は、きわめてクリアな意識を持ってやっているのであって、自分の仕事に対して戦略的な思考ができる人です。

宮沢賢治の詩を読んで、**彼が素朴《そぼく》に詩をつくったなどと思ったら大間違い**です。なぜなら賢治自身、**自分は日本の文学史を書き替えるような画期的な詩をつくっているのだと意識していた**からです。

賢治は日本の詩はもちろん、海外の作品まで幅広く膨大な作品を読んでいます。だから、心象スケッチによる自分の詩のつくり方がいかに画期的なものであるかを自覚しています。それは、たまたま詩をつくっていたらできたというものではないのです。たまたまで『春と修羅』のような作品が書けるはずがありません。
『春と修羅』には次のような序がついています。

わたくしといふ現象は
仮定された有機交流電燈《でんとう》の
ひとつの青い照明です
(あらゆる透明な幽霊の複合体)
風景やみんなといつしよに
せはしくせはしく明滅しながら
いかにもたしかにともりつづける
因果交流電燈の
ひとつの青い照明です
(ひかりはたもち　その電燈は失はれ)

これらは二十二箇月の
過去とかんずる方角から
紙と鉱質インクをつらね
(すべてわたくしと明滅し
みんなが同時に感ずるもの)
ここまでたもちつゞけられた
かげとひかりのひとくさりづつ
そのとほりの心象スケッチです

これらについて人や銀河や修羅や海胆は
宇宙塵をたべ　または空気や塩水を呼吸しながら
それぞれ新鮮な本体論もかんがへませうが
それらも畢竟こゝろのひとつの風物です
たゞたしかに記録されたこれらのけしきは
記録されたそのとほりのこのけしきで

それが虚無ならば虚無自身がこのとほりで
ある程度まではみんなに共通いたします
（すべてがわたくしの中のみんなであるやうに
みんなのおのおののなかのすべてですから）

（中略）

すべてこれらの命題は
心象や時間それ自身の性質として
第四次延長のなかで主張されます

大正十三年一月廿日　宮澤賢治

（『校本　宮澤賢治全集』第二巻）

自ら「心象スケッチ」と言うように、この**序文自体が画期的**なものです。他の人にたまたま理解されないかもしれませんが、賢治自身は文学史上のいままでの業績をすべて知っていて、やっているわけです。

その世界を熟知していないのに、突如彗星《すいせい》のように現れた人を、世間の人たちは天才と思いがちです。しかし知らないでやったとしたら、ただナイーブ（素朴）なだけなのです。努力をしないでもできてしまうようなナイーブさというのは、往々に独《ひと》りよがりなものになりがちですし、また、その業績は一発だけでほとんど続くことはありません。賢治は彗星の如《ごと》く現れたのではなくて、それまでに勉強を積み重ねてきたからこそ出てこれたのです。

天才とは、きわめてまともでクリアな頭の使い方の積み重ねができる人であって、だからこそすごい仕事ができるのです。**広い意味での勉強の果てにしか天才性は発揮されない**といえます。

複数の自己イメージを武器にする

ピカソについても述べましたが、賢治の場合も自己イメージを持っています。『**チュウリップの幻術**』という作品の中に、洋傘《ようがさ》直しと刃物を研《と》ぐ仕事をしながら旅をする若者が出てきますが、賢治はその若者と自分を重ね合わせています。それは自分を鍛え、磨いていくという自己イメージがあるからです。

自分を鍛えるといっても、まじめで暗いわけではなく、その若い研ぎ師はイメージが明るい。研ぎ終わって、注文を出した園丁がつくったチュウリップを見せてもらっているうちに、二人は、「チュウリップの幻術」にかかり、不思議な光の波の中に、「チュウリップの光の酒」に酔ったように、花と春の光、空気がかもし出す魅力に眩惑《げんわく》されます。

そういう**外に開かれた明るいイメージと、硬いものを研いで磨いていくというイメージ**を重ねています。この場合には、研ぐ――自分を鍛えるというイメージですが、こうしたイメージを持つことによって、実際にそのイメージに引っ張られて上達していくことがあります。

また賢治の作中には、**豪快な人物群**というものがあります。すでに紹介した『楢《なら》ノ木大学士の野宿』の「楢ノ木大学士」などもそうですし、私が好きな作品である『毒もみのすきな署長さん』の署長さんも豪快な人物です。

それはこんな話です。ある町で「毒もみ」事件が起こりました。「毒もみ」とは、毒を川の上流で水の中にもみ出して、その毒で死んだ魚をかき集めて取るというものです。この「毒もみ」は、もちろん法律で禁止されています。そこで犯人を探すわけですが、なかなかつかまらない。ようやくわかった犯人は、なんと新しく来た警察署長さんだったのです。そしてこんなふうに終わります。

「いよいよ巨《おお》きな曲った刀で、首を落されるとき、署長さんは笑って云《い》ひました。『あゝ、面白かった。おれはもう、毒もみのこととききたら、全く夢中なんだ。いよいよこんどは、地獄で毒もみをやるかな。』

みんなはすっかり感服しました」（『校本　宮澤賢治全集』第九巻）

豪快というか何というか、とにかく神経の太い人物です。賢治にも、「楢ノ木大学士」やこの署長さんのような神経の太いところがあったようです。

賢治の場合、自己イメージは一つだけではなくいくつもあります。『よだかの星』の「よだか」もその一つでしょう。「よだか」は弱者ですが、自分のこの世界でのあり方に疑問を抱き、死を賭《か》けて星に向かって上昇し、途中で死んで夜空に輝きつづける星となります。

しかし、こんな**生《き》まじめな自己イメージばかり持っていたら、苦しくて仕方ない**でしょう。この自己イメージと同時に、いま挙げたような豪快な人物としての自己イメージもあるのです。

賢治のようにいくつもの自己イメージを持つことができれば、こんな時には、「毒もみ好きな署長でいくか」「研ぎ師でいくか」「よだかでいくか」などと、**ケースに応じてイメージすることができる**でしょう。苦しい時に「毒もみ好きな署長でいこう」と思えば、居直ることができてスーッと気持ちが楽になるのではないでしょうか。

また賢治には、詩人としてのアイデンティティもあったし、科学者としてのアイデンティティもあったし、農業改革家としてのアイデンティティもあったでしょう。あるいはあるときは、自分は宗教家であると思った時もあるでしょう。

それがいろいろな状況において、ポジティブに難関を抜け出していく時に手助けになります。アイデンティティを一つでもきちんと持つことができれば、それはそれで悪くはないわけですが、アイデンティティというのは自己イメージですから、複数あっても一向《いっこう》にかまわないわけです。

自己イメージを一つではなく複数持つことが、現実を切り抜けていく時のパワーになるのです。

それが一つしかないと、人間はもろいものです。またそこに執着していると、なかなか先には進めないことがあります。また、現実の変化にも対応しにくいでしょう。

自己イメージが硬すぎるために、現実の変化に適応できなくなるということは、しばしば起こります。

自己イメージを持つといっても、自分で無から自己イメージをつくるのはなかなかむずかしいものです。

普段私たちは、小説や映画などの世界の登場人物のイメージに自分を重ねるといったことを意識せずにやっています。そのためには感覚的に自分の好むイメージである必要はありますが……。賢治の多彩な作品には、さまざまな人物が登場します。それらの人物のイメージを借用して、いろいろな自己イメージをつくることもできると思います。

私の場合、作品として『毒もみのすきな署長さん』がとても好きで、ちょっと弱った時など、署長さんを自己イメージして、**「なんだい。どうってことないやい」と困ったことを吹き飛ばそうとする**ことがあります。

また、『よだかの星』の**燃え尽きるまで上昇する**という強烈なイメージを、自分の生き方の一つのバリエーションとするようなところもあります。

『疾中』の中に「わが胸いまは青じろき」という詩が収められています。

わが胸いまは青じろき
板ひとひらに過ぎぬらし
とは云へかなたすこやけき
億の呼吸のなべてこそ
うららけきわが春のいぶきならずや
（『校本　宮澤賢治全集』第六巻）

病床にあっても賢治が思いをはせるのは、広い宇宙的な世界です。そして春のいぶきを感じています。哀しみの基調にもかかわらず、希望の光を感じることができます。これはまさに賢治が複数の自己イメージを持つことができるからこそ、にじみ出てくるものです。

宮沢賢治の童話や詩は、読み聞かせするだけでも子どもたちの心にいろいろなイメージを広げるはずです。それらは、子どもたちがこれから生きていく時の力になるものです。大人にとっても力になることはもちろんです。賢治の詩や童話を読むと、まさに文学とはそういう現実の力になるものだと実感することができます。

［宮沢賢治］に学ぶ元気術

①豊かな知識は経験を深め、世界を広げる
②仕事の大きな波を逃さずに乗ってしまう
③自分を大きなものに役立てようと意識すればパワーは大きくなる
④自己イメージを複数持てると、困難も乗り越えやすい

第三章　新しいスタイルの創造

［シャネル］孤独とコンプレックスをプラスのエネルギーへ

シャネル　Gabrielle Chanel

1883〜1971

「皆殺しの天使」といわれたファッションデザイナー

19世紀末に生を享《う》けたシャネル（愛称ココ・シャネル）は、それまで上流階級のものだったモードを壊し、働く女性のための新しいファッションをつくり出しました。スーツ、スポーツウェア、ミニスカートなど現在のファッションの基礎はほとんどシャネルが生み出したものです。

シャネルは幼少期を孤児院で育ち、不遇な10代を過ごした後、25歳でパリに出ます。ほどなく服飾デザイン界へ進出、シャネル・ファッションは1930年代まで隆盛を極めます。第2次世界大戦をはさみ、14年間活動を休止。1953年、70歳にしてファッション界へ復活。生涯結婚することのなかった彼女は、シャネル帝国を築き上げ、87歳でその生涯を閉じます。

つねに既成の権威へ挑戦し、それを破壊して新しいデザインスタイルを生み出し、「皆殺しの天使」と呼ばれたシャネル。彼女の闘い続ける力の源泉には何があったのでしょうか。

第一節　贅沢《ぜいたく》なシンプルさの追求

なぜ「皆殺しの天使」なのか

シャネルと交友のあった作家ポール・モランは彼女の生涯をつづった『獅子座《しし ざ》の女シャネル』の「まえがき」の中で、シャネルが恋人・アーサー・カペルを事故で失った後、シャネルが自分の店で開いたささやかなパーティの風景を、次のように書いています。

「その頃、シャネルは、まだ完全に、パリを征服していなかった。（中略）シャネルは、恋人カペルを失った直後であった。**孤独で、内気で、注意深かった。**（中略）

シャネルの天才はまだ知られず、同時に、独裁的で激しい性格も、表面にはあらわ

れてはいなかった。（中略）

会食に集まった人々のざわめきのなかで、ひとりつつましく、多分、それは、まだ、喪《も》に服しているせいかとも思われて、その夜のシャネルはまことに頼りなげで、しあわせをもはや信じられない女《ひと》のようにみえた。そのありさまは、ぼくたちを感動させずにはおかないなにかがあった。

その女が、皆殺しの天使とは、誰が想像したであろう」（『獅子座の女シャネル』）

なぜシャネルが、「皆殺しの天使」と呼ばれたのか。そのことを見ていきましょう。

シャネルはファッションの世界で独特のスタイルをつくり出しました。それは、一九世紀から二〇世紀の変わり目——**女性が働き自立し解放されていく時代にマッチし、あるいは時代すら導いたともいえる**のです。

彼女がつくり出したスタイルは一言でいえば、ある種**贅沢なシンプルさ**というものです。一九世紀的なゴテゴテしたファッションというものから、いろいろなものを削り取ってシンプルにしたところに、シャネルのファッション史における大きな功績があります。

シャネルの有名な言葉に、「**ボタンホールのないボタンはつけてはいけない**」（『ココ・シャネル』）というのがあります。何だか当たり前のようですが、これはファッションとしての飾りボタンの否定です。単に飾りだけのボタンは意味がないということです。つまり、ボタンはボタンホールがあってとめるものだし、ポケットは手を入れるものであるべきで、飾りとしての機能しか持たないものは排除していこうということです。

シャネルは「ポケットに手を入れる——今はなんでもないことだけど、かつては、とても大きな意味を女には暗示していたのよ」（『シャネル20世紀のスタイル』）と語っています。シャネルはそこに**自由な女のイメージ**を見出していました。

シャネルの場合、時代に自分を合わせるというのではなく、むしろ、シャネルの生まれ持った素質というもの、あるいは生《お》い立《た》ちの中で獲得してきたものを、時代に対して押し出していったということができます。

実際、シャネル自身こう語っています。

「**時代があたしを待っていたの**。あたしはこの世に生まれさえすればよかった。時代は準備完了していたのよ」（『ココ・シャネル』）

そしてシャネルは、**自分というものを徹底的に表現**していきました。それが時代の要求を見事にとらえていたのです。

これは決して偶然ではありません。**シャネルの知性、感性が、時代の動きというものを明確にとらえていた**からこそ、できたことなのです。

つまり、彼女は女性が解放されるべき時が来たことを敏感にとらえ、それまでの古臭い習慣のもとでの女性の服装を大きく変えたのです。飾りが多く、女性らしい体型を強調するために、身体を不自然に押さえつけるような服装から、女性を解放していきました。

ただ、当時主流のモードはその頃はじまったのではなく、それまで長い年月をかけてできあがっていったものです。ですから、**それまでの伝統のすべてを壊すという意識がなければ、それを改革することなどできません。**

シャネルは、かなり明確に「壊す」という意識を持っていました。これは一九〇〇年代初期としては非常に新しい意識だったと思います。いまは、前の時代のものを壊すということはよいことのようにいわれますが、当時はそういう意識を持つ人は少なかったでしょう。しかも、当時のモードの中心は社交界です。シャネルのようにもともと社交界での地位などなかった人間が、しかも女性の身で革命を起こそうとすれば普通は潰《つぶ》されてしまいます。

それでは、なぜシャネルは潰されなかったのでしょうか。それは、シャネルの**生き方のスタイルが二〇世紀はじめの時代とまさにマッチしていた**からです。だから、自分を時代に合わせるというのではなく、**自分を押し出しながら、時代を逆に自分に引き寄せる**ことができたのです。そのことをこれから一つずつ見ていきましょう。

「剝《は》ぎ取る」という技

時代のモードを革新してしまうシャネルの技として、余計なものを**剝ぎ取ってシンプルにする**というものがあります。「剝ぎ取る」という観点から見ると、シャネルの仕事はかなり一貫して見えてきます。

たとえば、シャネルはいつも首から鋏《はさみ》をぶら下げていました。これは、宮沢賢治がつねにペンシルをぶら下げて、イメージが湧《わ》いて言葉が出てきたら、すぐにその場で書き記《しる》したということを思い起こさせます。宮沢賢治にとってのペンシルが、シャネルにとっての鋏だったのです。まさにシャネルの武器です。シャネルと深い交流があった精神分析家のクロード・ドレは、その著『ココ・シャネル』でこう言っています。

「シャネルと鋏とは、切っても切れない関係にあった。**鋏は、白いリボンで彼女の首から下げられていたし**、細かい金象嵌《きんぞうがん》をほどこしたコロマンデルのテーブルの上を占めていたし、化粧台の上にも、また夜には、ベッドサイド・テーブルの上の、ストラヴィンスキー（注10）からもらった聖像画《イコン》の横にも、ありふれたノジャンの鋏が置かれていた。シャネルは鋏の夢までみた」（『ココ・シャネル』）

ジャン・レマリーは、その著『CHANEL』で一九八三年からのシャネル社の工房の名デザイナーであるカール・ラガーフェルトと比べて、こう書いています。

「シャネルとラガーフェルトの違いは（それは取りも直さず〝クチュリエ〟と〝デザイナー〟の違いでもあるのだが）、シャネルが鋏を手に、生きたモデルの体の上で直接布を切っていったのに対し、ラガーフェルトはまず図面を描くことから始めるというところにある」（『CHANEL』）

シャネルは、**生きたモデルの上でそのまま布地を切った**というのです。モデルさんもさぞ怖かったでしょうね。デザインといえば、まずは図面を描いてするのが普通だろうと、私たちは思います。しかし、シャネルの場合には、すべてがそうではないかもしれませんが、鋏で形を決めていったというのです。それは、形がまず大事なんだということなのです。

つねに鋏を首からぶら下げていたということは、シャネルのスタイルである、「剝ぐ」ことをまさに象徴しています。しかも、**自分の道具と共にある**というのは非常に強いことなのです。シャネルは鋏を持つことによって、いつでも自分を取り戻すことができました。それは、イチローがバットを握ると自分らしくなる、宮本《みやもと》武蔵《むさし》が剣を持つと自分らしくなるということと同じです。

自分の馴染《なじ》んでいる道具が持つ威力というものがあります。その道具がシャネルにとっては鋏であったわけです。

シンプルさを押し通す

シャネルの場合、経営に関してもシンプルであることがプラスに働いています。た

（注10）イゴール・ストラヴィンスキー　一八八二〜一九七一年。二〇世紀音楽の展開に決定的な影響を与えたロシア生れの作曲家。ディアギレフに認められ、バレエ・リュッスのパリ公演のために「火の鳥」「ペトルーシカ」「春の祭典」を作曲。いずれも大成功をおさめた。

とえば、「**シャネルの5番**」という香水は、世界中でいまだに売れているものでしょう。かつてマリリン・モンローが何を着て寝るかと聞かれて、「シャネルの5番」と言ったということで、世界中で流行しました。**香水＝「シャネルの5番」というイメージ**があり、プレゼントなどにも使われるのでしょう。自分でつけるわけでもないのに、私の母も持っていたり、我が家でもなぜか三個も発見されました。

この「シャネルの5番」は、香りが素晴らしいということは当然として、パッケージのスタイルも画期的なものでした。それまでの香水はゴテゴテした装飾が付いた贅沢な壜《びん》で、いかにも素晴らしいものが入っていることを示すパッケージでした。ところがシャネルはそうした装飾性を一切省いてしまい、理科の実験室で見るような、透《す》き通って中身が見える素《そ》っ気《け》ない壜にしてしまいました。それはきわめてシンプルで明晰《めいせき》、明快な印象を与えます。

いろいろな装飾を施《ほどこ》して、色のついたガラスを使っていれば中身も見えないし、神秘的な感じがします。そうしたスタイルで神秘性をかきたてる手もあるでしょう。シャネルの場合は、**クリアであることを優先させ**ました。そして、それが社会のニーズに合っていたのです。

「シャネルの5番」の場合は、壜の形だけではなくて、ロゴのデザインもシンプルで斬新《ざんしん》です。壜に大きく「CHANEL」とあって、その上に「PARFUM N°5」下に「PARIS」とあるだけです。ロゴとしては、必要最小限の情報しかありません。文字も非常にクリアな書体です。

なおかつ一番象徴的なのは、商品名に「5番」という無機質的な番号を使ったことです。その前に「3番」や「4番」がすでに発売されていて「5番」が付けられたのならまだ理解できるのですが、そうではありません。

シャネルは香水づくりをエルネスト・ボウという有名な調香師《ちょうこうし》に依頼しています。ボウは、当時不安定なために香水にまだ利用されていなかったアルデヒドを利用しようとしていました。それが可能になれば、八〇種類の成分からなる「**白夜《びゃくや》の北極圏の河と湖の新鮮な香りの香水**」がつくれるというのです。シャネルは彼の実験を支援しました。

「一九二一年、ついにボウはいくつかの試作品を持ってガブリエルのもとを訪ねた。№1～5、№20～24と番号のつけられたその香水のなかから、ガブリエルは22番（この香水は数か月後に『シャネル、ナンバー22』の名で売り出された）と、同年5月5

日発表の新しいコレクションの際に披露する香水として5番を選んだ」(『CHANEL』)

つまり、シャネルが1~5の中で選んだのが5番であり、20~24の中から選んだのが22番だったということです。だから1~4、20、21、23、24は売り出されていません。普通はそういう試作段階のナンバーをそのまま出してくることは、考えられないでしょう。しかしそこには、**シャネルの「剝ぎ取り」という技《わざ》と戦略**が見事に表現されています。

試作品のナンバーをそのまま商品名「5番」と「22番」として出したということは、買う側に「ほかにもあったのでは?」と想像させます。だから多くの数を試作して削り取った結果、これをエースとして出してきたのだというメッセージを、買う側はそこから汲《く》み取ることができます。つまり、「**もうこれしかないのだ**」というところまでいってから商品として出すという誠実さが、見事に表現されているわけです。

また数字が使われることで、買う側にとっては、香水というのはまさに技術の結晶なのだと見えます。これは現代に照らしてみても、非常に斬新な手法だと思います。その象徴が「シャネルの5番」なのです。

クロード・ドレはシャネルの「5番」の成功をこう書いています。

「『五番』の大成功をココ自身は予想だにしていなかった。それが五番目の壜に入っていたから、また五という数字が好きだったから、『五番』という名前をつけたにすぎなかった。ココは、シンプルな壜を考案して、女たちが大事にしまっていたおどろしいラリックの香水壜を一掃し、くっきりと鮮明な黒の数字に、もっとも排他的な感覚である嗅覚《きゆうかく》を僕《しもべ》さながらに仕《つか》えさせようとしたのである」（『ココ・シャネル』）

クリアな形を追求する

いま思い返してみると、二〇世紀以降現在に至るまで、**明快さとクリアであることは失われない価値**だと思います。値段がいくらかわからないようなものは、いまは誰も買おうとしないでしょう。しかし、昔の商品というのは値段がわからないものも多かったのです。

シャネルの香水には、値段もクリアなら中身も透けて見える、**虚飾《きよしよく》というものをすべて剝ぎ取っているというメッセージ**が壜やパッケージにあるわけです。

帽子からはじまり服も香水もすべてにわたって虚飾を剝ぎ取ることが、シャネルの終生変わらなかったスタイルです。シャネルはこう言っています。

「私はなぜこの職業を選んだのでしょう。そしてなぜこんな革命的な役割を果たすようになったのでしょう。それは、自分の気に入るものを創《つく》りたかったからではないのです。私が何より望んできたのは、**ファッションから私の気に入らないものを追い出してしまうこと**でした」（『CHANEL』）

形の上でも色の面でも、シャネルはゴテゴテしたもの、多彩な色を剝ぎ取っていきます。一九世紀あるいは現在でも女性はいろいろな色を好みますが、シャネルはそれは結局のところ印象を薄めることにしかならないと考えました。そこで、**黒と白は絶対的な色**なのだとシャネルは言います。この二つの色には、他の色は絶対に勝てないというのです。

「**おんなは、ありとあらゆる色について考える。あたしは黒は、すべての色にまさると主張してきた。白も同じである。**この二色は絶対的な美しさがあり、完全な調和がある。舞踏会で白か、黒の衣装《ソワレ》を着たおんな——ほかの色彩をつけた女たちは消えてしまうだろう」（『獅子座の女シャネル』）

またシャネルは、たくさんの、それこそ何十種類もの色や形、デザインのものを取り揃《そろ》えているのは、迷いを生むだけで無駄だと言っています。本当にいいものを一つ提示すればいいというのです。

あるいは服のサイズも、「いろいろと取り揃えてあります」ではなく、すべての人に合う服をつくることが大事だというのです。香水にしてもシャネル・スーツにしてもそうですが、バリエーションを多く提供するのではなく、**最高のものを仕上げていって絞り込んだものを提供する。**それは一度つくってしまえば、とても強い商品です。それは剝ぎ取って、剝ぎ取って、最後に残ったものであり、それがクリアな形で「これが最高のもの」というメッセージとして伝わっていくというのです。

自分自身を実験台にする

シャネルは、**自分の身体の特性を生かす**ということを徹底してやっています。シャネルは非常に細くて活動的な人だったようです。

彼女が木登りをしている珍しい写真があります。リヴィエラのロクブリュンヌにあった「ラ・ポーザ（一休みの意味）荘」というシャネルの別荘で撮影された一九三八年撮影の写真です。この当時、シャネルは五五歳になっています。二組の友人夫妻とその子どもと一緒に撮影されたもので、シャネルは古い無花果《いちじく》の木の一番高い枝に登って、口に枝か何かをくわえています。この写真を見てもわかりますが、その年齢でもスリムでシャープな身体つきをしています。

シャネルは一九一〇年代、二〇年代の頃、まだスポーツウェアが存在していなかった当時に、スポーツウェアのようなものを開発しています。馬の調教師の服装からヒントを得た、それまでは下着の素材であったジャージーを使った活動的なスカートとジャケットであり、パンツルックであり、マリン・ルックなどです。シャネル自身、こう語っています。

「一九一四年頃には、スポーツウエアは、まだなかった。一五世紀時代に騎馬大会を見に行く女たちの服装と、あまり大差なかった。それはちょっと大げさかもしれないが、体中がしめつけられて、あがきがとれないという点では同じであった。（中略）ジャージーの布地を使うことで、**あたしは、まず、このしめつけられた肉体を解放した。**ウエストをしめつけるのもやめた（一九三〇年には、ウエストをしめるモードを発表したが）。**あたし自身がまず全く新しいシルエットを打ち出した**のだ」（『獅子座の女シャネル』）

そういう着心地のいい、活動しやすいファッションを、シャネルがなぜつくり出したのか。それはシャネル自身が立って働く必要があって、自分のような女に必要な服を、と追い求めていった結果、不必要な飾りを剝ぎ取っていくことからつくり出されたものです。

シャネルは服を売りに出す前に、自分で着てから売りに出すということもしています。シャネルにとってのいい服というのは、**自分が着てみて着心地がいいものでなければ駄目だ**ということなのです。だから、まず自分を実験台にしています。

シャネルは、「強さ」ということを一貫して大事にしていました。

自ら数多くの服をつくってきたシャネルが死んだ時、簞笥《たんす》の中にはスーツ（シャネル・スーツ）が二着しかなかったといわれています。

最後に二着というのも、シャネルのシンプル志向を象徴しています。その二着というのは何年も着られたものです。そのことから、布地から縫製《ほうせい》まで非常に**タフな商品**だったということがわかります。シャネルのつくったものは何度着ても着古されない、そういう意味では非常に経済的でしっかりしたものだったということです。

パリという街のパワーを活用する

一九世紀後半から二〇世紀前半のパリの街は、街全体に一種の芸術的な雰囲気が漂《ただよ》っていました。そこは芸術家たちが集《つど》う一つのサロンのようでした。フランス国内だけでなく世界各地から、ピカソ、シャガール、藤田《ふじた》嗣治《つぐはる》、ヘミングウェイ、作曲家のストラヴィンスキー、バレエ創作のディアギレフ（注11）など、あらゆるジャンルの天才たちが集まっています。しかも彼らの多くは、まさにとっかえひっかえと言えるほど次々と相手を変えてつき合い、「当時のパリはどうなっていたの？」というほど、華やかな雰囲気でした。

とにかくそこでは**一人一人で仕事をするというのではなく、その熱気の中で場の力を利用してみんなで仕事をしているようなもの**だったのです。

シャネルは一時期、英国一の富豪とも呼ばれたウェストミンスター公（注12）とイギリスで豪勢に暮らします。最初は楽しかったのですが、だんだんと退屈してきて仕事をしたくなります。そして、服をつくりたいと思った時に、イギリスではつくれないと気づきます。

やはり**パリのような、芸術家連中とのつき合いのような熱気がないとつくれないの**

です。だから、シャネルはカルボン通りに店を構えて、近くのホテル・リッツに住み、そこでいろいろな人にもまれ刺激を受けながら、いつも現在進行形で服をつくっていくのです。

シャネルは、パリという街が持っているパワーをフルに活用しました。そこに、**自分が地方出身者であるということをコンプレックスとしてではなく、むしろ優位性として持ちこんで**います。ここがシャネルの優れた点です。

シャネル自身が「あたしはベージュのなかに逃げるの。自然の色だから。染められていないでしょ」（『ココ・シャネル』）と言っているように、**ベージュ色を使うことによって、自然というものが持つパワーを持ちこみ**ます。

つまり、シャネルは自分のそれまでの田舎での生活から、清潔さ、動きやすさ、着心地の良さ、機能性、清潔さといったものを持ちこみます。それがまさに時代に求め

（注11）セルゲイ・ディアギレフ　一八七二〜一九二九年。「バレエ・リュッス」の主宰者。ロシアの貴族の生まれ。ロシア芸術を西欧に紹介。一九〇八年歌劇『ボリス・ゴドゥノフ』を上演し大成功をおさめる。以後二〇年間、死に至るまでヨーロッパを本拠として活躍。

（注12）ウェストミンスター公　一八七九〜一九四七年。エリザベス二世の祖父ジョージ五世の従兄弟。生涯に四回結婚した。シャネルとの親密なつき合いは、二回目の離婚から三回目の結婚のあいだ。

られていたものと合致《がっち》したのです。

シャネルはパリの街のパワーをフルに活用しながら、そこで自分のそれまで獲得してきたものを強烈に押し出し、パリの人たちのモードを変えていったのです。

時代のモードを自分の身体に合わせてしまう力業《ちからわざ》

当時の上流階級の女性たちはコルセットで体をきつく締《し》めつけて、たるんだお腹の肉を胸の方に押し上げていました。いまの「寄せて上げる」ではありませんが、かなり無理をして女性らしい体型に見せるファッションを身につけていました。しかしシャネルには、寄せるにしても上げるにしても、そんな贅肉《ぜいにく》すらありません。

それまで女性たちの魅力とされていた身体は、シャネルにはなかったのです。そこで、違う女性の魅力は何かと模索した結果、シャネルのスタイルができたとも考えられます。**シャネルの出現で、痩《や》せている人に似合う服が増え、むしろ周囲が逆に痩せている方がいいというようになって**いきます。これはいまも続いていて、「痩せているのがファッショナブルな女性の第一条件」となっているようです。

シャネルは、自分のつくり出したファッションによって、**社会から求められる女性**

の身体イメージを、自分に引き寄せてしまうのです。周《まわ》りが「シャネルのような女こそがいい女だ」と思うように、社会を力業で変えていきます。

シャネルの写真を見ると、たしかに細いスッと立っている彼女の姿は非常に精神性があるように見え、魅力的に見えてきます。

実際、シャネルという女性には不思議な魅力があります。私も、シャネルについて書かれた多くの本を読んだり写真を見ていくうちに、はじめは私自身の好みとは違っていたのですが、こんなふうに細い女性、こんなふうにしっかりした意思の強い女性、目線がピシッと定まっているような女性がどんどん魅力的に思えてきました。このような魅力はいまの社会の価値観にも反映されているのでしょう。

つまり、シャネルは**自分の持っている身体の特性――活動的で、細身であることが生きるようなファッション**をつくっていきます。それが、時代が要求する新しい女のイメージにフィットしていくのです。

もちろんそこには、シャネルがそれまでの女性のスタイル、男性から押しつけられた装飾的な女性像そのものを変えようという意識もあったでしょう。それが、自由で活動的な女性に合うスタイルをつくり出すことにも結びついていたのです。シャネルは、自分の身体を実験台にして、まさに動く広告塔として周囲を変えていったといえます。

さまざまな意味で、**シャネルはそれまでのスタイルをすべて一掃**してしまった、まさに「皆殺しの天使」だったのです。

第二節　自分を客観視する強さ

孤独が人生を形づくった

シャネルには、多くの男たちとの恋愛もありましたし、たくさんの交友関係がありましたが、終生、**孤独感を持ち続けて**いました。このことには、シャネルがあまり公にしようとしなかった、孤児院で育ったという過去が影響していると考えられます。

彼女は一一歳の頃、母親が亡くなり、姉と一緒に孤児院に預けられます。そのとき兄弟たちもまず救済院に入れられ、そこを通して捨て子扱いとして農家に預けられました。一番下の妹はまだ幼かったので親類に預けられたようです。

しかし、五人の子どもたちを捨てた父親に対して、父親が自分をかわいがってくれていたという思い出があったせいか、シャネルは決して悪口は言いません。シャネルは、父親はアメリカに行ったのだという物語を言い通します。友人で、精神分析家・

作家のクロード・ドレは次のように書いています。

「**ココは死ぬまで、捨てられたという事実と戦いつづける**。気に入られ、望まれ、認められ、真似されたいという情熱も、この事実には勝てなかった。でもわたしは、彼女が美しく颯爽《さっそう》とした父アルベール・シャネルの悪口を言うのを、一度も、断じて一度も耳にしたことがない。（中略）

『伝説はその主役よりもしぶとく生きのこるものよ。真相はみじめだから、ひとは空想という寄生虫みたいなものの方を好むのよ』（中略）どんなにひどいことだって、子捨てという死刑判決よりはましだった。どんなものだって、彼女の名に付された『孤児』という憎むべき形容詞よりはましだった」（『ココ・シャネル』）

シャネルにとって孤独というのは、生涯にわたって親しいものでした。

「あたしの証《あか》したいのは、**ひとりで成長し、生き、そして年老いたこの孤独こそが、あたしの性格をきつくもし、冷酷にもしましたが、丈夫な肉体も、つくり上げてくれた**ということです」（『獅子座の女シャネル』）

「**出だしが不幸だったことを、あたしはぜんぜん恨《うら》んでなんかいない**」（『獅子座の女シャネル』）

シャネルにとっては、**孤独こそが自分の人生を形づくってくれた大きな要素**だったのです。

一人の時間を上手に活用する

シャネルが入れられたのは、修道院の経営する孤児院でした。ここで五年間暮らし、その後、ムーランの修道院の寄宿学校に入ります。この孤児院での暮らしは、シャネルの精神に**清潔さ、規則正しさ**といったものを根づかせます。このことは、シャネルの仕事の仕方において、非常に有利な面を培《つちか》ったとも解釈できます。

幼少期から孤独であるということは、必然的に自分に向かう時間を長く持たざるを得なかったと考えられます。しかもその孤児院は修道院なので、仲間との楽しいおしゃべりなども普通よりはずいぶん少なかったのではないでしょうか。

シャネルは部屋に鏡をたくさん置いていたということですが、孤児院の中でも、自分を見つめる時間があったことでしょう。**シャネルが鏡を見るのは、そこで自分を見つめ直し、自身を客観視するような時間**が必要だったからです。彼女は生涯にわたって、一日のうちにそういう時間を必ず持っていたのです。

「鏡のきびしさは、あたしのきびしさを反射し返してくる。ぎりぎりするような、鏡とあたしの闘いの一瞬だ。鏡はあたしという人柄を説明してくれる。正確で、能力があり、楽天家で、激しく、現実家で、闘士で、ひょうきんで、疑ぐりぶかい、ひとりのフランスおんな。そして最後にきらきら光る目。その目は我が心の扉でもある。そのとき、あたしはひとりの女を発見する。ひとりのあわれな女を――」（『獅子座の女シャネル』）

ここからは、シャネルの自分を客観視する厳しさが伝わってきます。

彼女にとって、**一人でいる孤独な、自分と向き合う時間がエネルギーを充塡《じゅうてん》する時間**であり、パワーの源になっていたのです。

またシャネルにとっては、本を読むことも自分に向き合う時間になっていました。シャネルは本の世界で知性を磨きつつ、自分自身に向き合う静かな時間を非常に大切にしました。だから、彼女のカルボン通りのアパルトマンの部屋の中には本がずらりと並んでいます。しかも、古典はすべてシャネルの色である黒とベージュで装丁し直してあるというのですから、徹底しています。シャネル自身、こう語っています。

「本はずいぶん買った。あたしの**最上の友は本**である。ラジオが嘘《うそ》つき箱とすれば、本は宝物だ。どんなくだらない悪い本でも、なにかはある。真実がある。三文小説にだって、生きてきた人間の多少の歴史はあるだろう。

インテリや、教養のある人たちにも出会ったが、あたしが、案外物知りなのに驚いていた。それがみんな小説から得た人生経験と知ったら、もっとびっくりしたかもしれない。もし、あたしに娘がいたらば、こういう本をあげて、人生のなんたるかを教えたいものだった。そこには大いなる掟《おきて》もあれば、人間の不可思議さも発見できる」

（『獅子座の女シャネル』）

現実を的確に把握《はあく》する上において、本というのは非常に役立つ予習になるものです。予習してある分、現実の生活では余裕ができ、現実が理解しやすくなります。また、シャネルはとても個性の強い人間、変わった人間と出会っても、小説の中にはいろいろな人物が登場しているので、それほど驚いたりせずにいろいろなタイプの人間とタフにつき合えたのです。

つまり**人に飲み込まれない**ということです。たとえば、強烈な個性のピカソに対して、シャネルは「彼はあたしをたじろがせたのよ」（『ココ・シャネル』）と言っています。たしかにピカソにはすさまじい魅力があったようです。

彼女が多くつき合った芸術家たちはみんな強烈な個性の持ち主ですが、にもかかわらずシャネルは相手に飲み込まれることがありませんでした。それは一つには、自分一人の時間というのを非常に上手に使っていたからだと思います。彼女の写真はいろいろありますが、**写真でも一人きりでいる時のものが実にいい**のです。彼女が自分に向き合っていることが、写真を見てもわかります。

優れた男性たちの教育欲を誘う

シャネルの場合、**仕事と愛情を分ける**というタイプの人でした。彼女は、愛されているから経済生活も面倒をみてもらって自分も愛を返すというような、上流階級の女性にありがちな甘えというものに対して非常な嫌悪《けんお》感を持っていました。自分は自分のお金で自立している、そのおかげで自分は自由であるということです。

シャネルは非常にたくさんの男性とつき合っています。なかでもシャネルが一番愛したと言われるのは、アーサー・カペル、あだ名がボイで、ボイ・カペルと呼ばれていた英国人です。

カペルとの関係でシャネルは、はじめは彼から生徒のようにいろいろ教えてもらっています。英国式の仕立て方を学んだのもカペルを通してです。それが後のシャネル・スーツにつながっていきます。

「あたしは、羊《ひつじ》のなめしのコートと、みすぼらしい服ばかりを着ていた。『きみが、それほど気に入っているんだから、イギリス人の紳士服屋で、もっとエレガントに作りなおしたらいいだろう』ボイ・カペルのこのことばこそ、やがて、カンボン通りから、シャネル・モードとなって生まれていった最初の発想だった」（『獅子座の女シャネル』）

シャネルに対して〝教育欲〟を持つ人は結構いました。**シャネルには、男性の教育欲を誘う、何かしらの魅力がある**のです。女性は性的な魅力があったとしても、必ずしも男性の教育欲を誘うわけではありません。

普通は男性が女性を教育するという場合、女性を男性にとって都合のいいように教育することを意味します。それは教育というよりも、むしろ男性にとって都合のいい女性にするという意味で利用に近い形です。

しかし本当の教育というのは、自分のために都合のいいようにするのではなくて、**相手自身が成長していくようにすること**です。しかしそうなると、教育がうまくいき女性が成長すると、その男性から卒業して離れていってしまうことがあります。そういう危険が教育の場合はつねにあるわけです。

教育というのは、必然的に「卒業」というものが基本にありますから、むしろ「卒業」がない教育があるとすれば、それは単なる「囲《かこ》い込《こ》み」になってしまいます。

シャネルは非常に自立心が強く、学習意欲がはっきりしています。だから、**シャネルとうまくいく相手は個性が強くて自信がある男性**です。

アーサー・カペルは、実業の才もあり教養もあるという非常に優れていた男性でした。彼は、自分をもっと磨きたい、もっと仕事をしたいというシャネルの向学心を積極的に育てるような教育をしました。

シャネルの貪欲《どんよく》な学習欲、吸収力が優秀な男性を惹《ひ》きつけていったということがおもしろいところです。しかもシャネルの方でも、学ぶということにおいては、頑固《がんこ》な性格の割に**素直に聞く**ところがありました。そういう素直さを持っていたので、とくに愛した男性、教養ある男性からの吸収力が非常に高いのです。

シャネルには、生涯の友人といえるミシアという女友達がいました。シャネル自身が、「ミシアは、あたしにとって、ただひとりの女友達だったし、友情以上のものをこのひとにもっていた」（『獅子座の女シャネル』）と言っているような間柄です。

この彼女に対して、シャネルは死ぬまでさまざまな援助をしています。しかし、彼女との関係にはかなり迷惑をかけられることも多く、諍《いさか》いもしばしばあるというアンビバレンツ（両義的）な関係でもありました。

ミシアが、カペルの死後、意気消沈していたシャネルを、夫のホセ・マリア・セールというカタロニア生まれの画家とともにイタリア旅行に連れ出しています。その時、セールが芸術についていろいろと解説をしてくれます。シャネルはそれを全部吸収していきます。

そのセールについて、シャネルは、「バロック芸術を知るには学識にとんだすばらしい案内人だった。彼の説明のおかげでひとつひとつの細部が、他のものと関連し均《きん》衡《こう》を保ちながら、あざやかに浮かび上がってくる」（『獅子座の女シャネル』）と言っています。

セールは成功した画家でお金持ちではありましたが、全身毛むくじゃらの太った男でした。しかしシャネルは、肩書きや容姿ではなく、彼の教養を愛したようです。

また、シャネルは一時期ロシアのディミトリー大公と恋愛関係になります。このデイミトリー大公とのつき合いを通じてもロシアの貴族の文化を徹底的に吸収していきます。

あるいは著名なバレエ演出家であるロシア人のディアギレフを通じてロシア文化、バレエや音楽を吸収していきます。また一時期シャネルが援助し、シャネルに夢中になったストラヴィンスキーからは音楽的教養を身につけていきます。

ロシア人について、シャネルはこんなふうに言っています。

「どういうわけか、ロシア人というのはあたしを夢中にさせる。東洋を感じさせるのだ。

『すべての女は、その人生に、ローマ人の男をひとりもつべきだ』と誰かが言ったが、あたしはこうつけ加えたい。『すべての西欧人はスラブの魅力に屈するべきだ』と」(『獅子座の女シャネル』)

あるいは古代ギリシャからも吸収し、ビザンチン文化を愛するとか、あるいは中国の屏風《びょうぶ》を愛する。そうした文化的なことを、具体的な人を介して吸収していきます。

それは、シャネルが**自分自身でも何かをつかもうとしていたからこそ、つかむことができた**といえます。

人に迎合しない

シャネルは、もともと**人に迎合することがまったくない人**です。しかも、彼女の好き嫌いは激しく、その批判は手厳しいものです。

例をあげれば、ジャン・コクトー（注13）とは親しくつき合っていますが、そんなコクトーについても非常に辛辣《しんらつ》です。

「コクトーは育ちがよかった。自分のことはけっして語らなかったわ。ブルジョワなのよ。自分が才能がなかったので、懸命に吸収していたのよ……。新しい物を盗むことしか頭にない、まったくのプチブル……」（『ココ・シャネル』）

『ドルジェル伯の舞踏会』『肉体の悪魔』などで知られ、二〇歳で夭折《ようせつ》したラディゲ（注14）についても、「ラディゲ？　干した果実ね。だから早死にしたのよ」と言い、あ

（注13）**ジャン・コクトー**　一八八九～一九六三年。フランスの詩人、小説家、劇作家。パリ郊外の裕福な家庭に生まれる。二〇歳で処女詩集を刊行、その活動は絵画、舞台、映画まで及んだ。

（注14）**レイモン・ラディゲ**　一九〇三～一九二三年。フランスの小説家、詩人。一四歳の頃から詩を書きはじめる。人妻と少年との不倫の恋を描いた小説『肉体の悪魔』（一九二三）を発表するが、その数ヵ月後に腸チフスのために夭折。

るジャーナリストに「ラディゲが生きていたら、何になっていたと思いますか」とたずねられて、「三文文士でしょうね」と答えているほどです。

またある時期、シャネルは、ピカソと親しくつき合っていた時期がありました。そこにダリ（注15）とガラのペアが絡《から》んできます。

ある日ガラが、ピカソに対する世間の評判が高いことに腹を立てて、ピカソをこき下ろします。それに対してシャネルは「**彼は、あなたが言うほどばかでもないし、世間が言っているほど天才でもないわ**」（『ココ・シャネル』）と言っています。シャネルには審美眼《しんびがん》があって、ピカソの芸術についてもよく理解していたわけです。ピカソに対してそのように言うというのも、なかなかの豪傑《ごうけつ》ぶりです。

それに続いてガラが「じゃあ、あなたはダリをどう評価するの？」と聞きます。それに対してシャネルは、自分の皿の上に一粒残っていたグリーンピースを指でピーンと弾《はじ》いて、「ほら、それよ」と言いました。これはすごい表現ですね。指で弾かれるグリーンピースにたとえられた方はたまらないでしょう。

誰に対してもそんなに厳しい批判をしていたら、友達がいなくなりそうなものです。しかし、**彼女の周囲には人が集まって**きます。シャネル自身はそんなに無理に人に合わせようとしないのですが、心が通う人たちはいるのです。シャネルの場合、人間関係における技としては、**つかず離れずというスタイル**をとります。このあたりの技は、自立した女の典型とも言えるでしょう。世の中との折り合いをきちんと意識している点で現代的です。

お金は自分で稼ぐ

さらにシャネルが、当時のパリという大都会における女性としても革新的なことは、つねに自分でお金を稼ごうとしたことです。

たとえば、ミシアはピアニストで当時の芸術家たちのパトロンのような立場にいましたが、彼女は自分で稼いだお金で芸術家たちを援助したのではなく、自分の夫に財力があってはじめて彼らを援助できたわけです。△△公爵夫人というような上流階級の女性たちが芸術について理解があったのも、ミシアのように夫の財力をバックにし

（注15）サルヴァトール・ダリ　一九〇四～一九八九年。スペインのシュルレアリスムの画家。一九二八年パリを訪れてシュルレアリスムに触れ、その熱狂的な推進者となった。ガラはダリの妻。精神的に不安定なダリは、社会生活から芸術活動まですべてガラを通じて行ったと言われる。

ていたからなのです。つまり、男性たちに甘えて財力を頼るというのが、当時の上流階級の女性たちの生き方だったのです。

しかし、シャネルは彼女たちとはまったく違い、自ら働いてお金を稼ごうとし、実際に仕事でお金を儲《もう》けていくわけです。そうしたシャネルの生き方は、当時の男たちには非常に新鮮に映ったことでしょう。

当時の上流階級の女性たちは、男性にぶら下がってお金を使うことを当たり前と思っていたわけですが、しかしその分、自由はないことにもなります。しかし、シャネルの場合は自分に経済力があるだけに、男性に媚《こ》びる必要も依存する必要もありません。

だからシャネルは、誰と結婚するかしないかを決めるのもまったく自分の意思であり、自由なのです。英国一の富豪といわれたウェストミンスター公に求愛されても、それを断ることができるわけです。

なぜかと言うと、相手がどんなに大金持ちであろうが、自分もお金がある。だから、愛情は愛情として受け取る、あるいは差し出すけれども、**お金の関係が元で離れられないという羽目《はめ》には陥らない**のです。シャネルはこう言っています。

「どうしてウェストミンスターは、あたしといると楽しかったのかしら。それは、あたしが彼をつかまえようとしなかったからだわ」（『ココ・シャネル』）

そして、クロード・ドレは、シャネルの結婚観について、彼女の言葉をこう書いています。

「ココはウェストミンスターに『もし子どもができたら結婚するわ』と答えていた。――それはあたしのゆすりだったの、わかるでしょう――『そのときは結婚することにとても満足できるでしょう。そうでないなら、何のことがあるでしょう。もう愛し合えないというときがくるだろうけど、そのとき出口はみんな閉ざされているのよ。結婚……**人は安心や名誉のために結婚するんだわ。そんなことはあたしにとってなんら興味のないことよ**』」（『ココ・シャネル』）

お金を提供する

シャネルは厳しい人ですが、とても気前のいい人でもあります。友人などにも惜しみなく援助していますし、貧乏な芸術家たちにも驚くほどお金を出しています。それまで芸術家のパトロンといえば、ほとんど生来の大金持ちの貴族などでした。また女性であれば、△△公爵夫人といった貴族夫人です。彼らは自分で稼いだお金で援助するわけではありません。しかし、**シャネルが提供したのは自分で稼いだお金**です。

さきにラディゲについてのシャネルの辛辣な批評を紹介しましたが、そのラディゲが死んだ時に葬儀の一切の費用を出したのはシャネルです。

「コクトーはシャネルに、ラディゲの面倒をみてやってほしいと頼んだ。プッチーニ街の病院にラディゲを入院させたのはシャネルだった。だがそれも、もう手遅れだった。一九二三年十二月十五日、サン＝トノレ＝デイローで、シャネルはラディゲの葬儀の一切を取りしきり……全費用を支払う」（『ココ・シャネル』）

ディアギレフは、いつも借金地獄に陥って苦しんでいました。この人物は、魔物のような魅力を持った人らしくて、ロシアからパリに出てきてパリの芸術家たちを魅了してしまいます。ディアギレフの精力的なことは、「彼と知り合った日から、死水《しにみず》をとってあげたあの日まで、あたしはただの一度も、ディアギレフが休んでいたのを見たことはない」（『獅子座の女シャネル』）というシャネルの言葉にもよく表れています。

ディアギレフはバレエの舞台の演出家としても天才なのですが、借金することにおいても天才だったのです。あまりにもボロな靴《くつ》に見かねたシャネルが靴を買ってあげても、すぐに売ってしまう。何日も食べずに腹を空《す》かせてシャネルのところに来て、出されたチョコレートを吐きそうになりながら全部食べたというエピソードもある型破りな人物です。シャネルはディアギレフについて、次のように語っています。

「あたしにとっては、いちばん魅力のある男友達だった。**情熱とぼろ着のなかで、あたふた生きているこのひとを、あたしは愛していた。**それは、彼のもつあの輝かしい神話からはほど遠く、飲まず食わずの日々、夜は稽古《けいこ》の連続で、古い椅子《いす》の上で、仮り寝の夢をむさぼり、美しいバレエのために、なにもかも投げ出して、破産してゆく男の姿でもあった」（『獅子座の女シャネル』）

そしてシャネルは、ディアギレフが来るとポーンと大金を渡します。シャネルは大金をディアギレフにつぎ込みますが、「当時の金で、三〇万フランかかったが、後悔していない」（『獅子座の女シャネル』）と言っています。

なぜシャネルが、それだけ大金を援助してもまったく無駄だと思わなかったのか。それは、ライオンがあのたてがみを維持するには大量に食べなければならないように、ディアギレフのような天才がエネルギーを舞台で炸裂《さくれつ》させるためには、舞台だけでなく賭博《とばく》など無駄遣いをするような逸脱《いつだつ》があっても仕方がない、それぐらいは**援助しよ**

という器量がシャネルにあったからです。

シャネルの**金銭感覚の鋭さ**というのは、当時の女性の中では際立《きわだ》っています。このように芸術家に惜しみない援助を与えますが、お店を経営し、クチュリエールとしてやっていくには、当然現実的な経営の才も必要です。それはシャネルの次のような言葉からもわかります。

「金はもうけるためにやっきとなるものではなく、使うためにこそ夢中になるべきなのだ。

もうけた金とは、しかるべき理由があって生まれた物質的証拠でしかない。（中略）

富は蓄積ではない。全く反対である。あたしたちを解放するためにあるものなのだ。

（中略）

金のための金、金への盲目的崇拝は、あたしには嫌悪の念しかおこさせない。金はきれいなものではない。しかし、便利ではある」（『獅子座の女シャネル』）

芸術家というのは金銭感覚や俗に言う労働感覚も薄いと思われます。しかしシャネルは、実際に仕事をし、それでお金を稼いでいます。そこには、**仕事の喜びを知っている生まじめさ**があって、それが浪費はするにしても、芸術家たち、あるいは芸術のパトロンである上流階級の人間たちと、シャネルが一線を画《かく》しているところだと言えます。

冷静な知性の持ち主

その経済感覚から見ると、シャネルは芸術家という括《くく》り方ができないタイプの人だとも言えます。

たしかに、シャネルのいろいろなスーツ、アクセサリーなどは芸術的だと言われています。またシャネルは、ピカソ、ダリ、コクトー、ストラヴィンスキー、ディアギレフなど、当時の錚々《そうそう》たる芸術家たちと親しくつき合っています。彼女の仕事、あるいはその交友関係などを外から見れば、芸術家と見なされないこともなかったわけです。いまでも、地位や名声を得てつき合う人が変わると、カン違いしてしまう人は多いでしょう。

しかし**シャネル自身は、芸術家と自分を混同することはありません**でした。シャネルはこう言っています。

「クーチュールは技術であり、仕事であり、そして商売だということを、もう一度ここでくり返したい。クーチュールにとって、芸術がなんたるかを知ることがあったとしたらば、それで、すでに充分すぎることなのだ」（『獅子座の女シャネル』）

シャネルは、自分は芸術家は理解できる、あるいは援助さえするけれども、自分を芸術家とは思わないということなのです。**自分は職人であり、仕事はつねにビジネス**という観点を持っていました。その自覚を失うと、何もかもがめちゃくちゃになってしまうとも言っています。

二〇世紀初頭のパリ、それこそ綺羅星《きらぼし》のように世界各地から芸術家たちが集まり、その坩堝《るつぼ》の中心に身を置きながらも、自分自身はあくまでも彼ら芸術家とは違うのだと自覚していたのです。この冷静な知性は素晴らしいものです。

だからシャネルは、素晴らしい芸術をつくるけれどもまったくお金がないというような道を通るのではなく、実社会において**きちんとお金が取れる、いい仕事をする**というところからスタートしています。

自分を客観視できる力

このように自己を客観視できるところが、シャネルの一番の武器だったと考えられます。

すでにこれまでの章で何度か言ってきたことですが、上達のためには、いくつかのコツがあります。その中の一つに「自己客観視」できるということがあります。非常に大きな野心を抱けるということも一つの才能です。これも上達への一つのコツではありますが、ただ大きな野心を抱けるだけでは、なかなかその野心を実現することはできません。そこに、自分を客観視できる視点が必要なのです。

「強い憧れ」の気持ちと「自己客観視」というのは、必ずしも対立するものではありません。**いまの自分がその夢に向かってどのポジションにいるかを明確に意識する、**それが自己客観視ということです。

シャネルの場合は、何となく仕事をしてきた、たまたま成功したということではありません。自分がやっていることを一つ一つ冷静に判断して進んでいます。たまたま当たったのではなく、狙《ねら》いを定めて当てているのです。

そういう冷静な意識がなければ、コレクションというような、いつも多くの人たちの目にさらされ、世界中から試されるようなことを毎年繰り返すことなどできなかったでしょう。

もし芸術であれば、たとえ評判が悪くても、「ほかのヤツの見る目がないからだ」といった逃げ道があって、それで済ますこともできます。

しかしシャネルの属する服飾業界で、コレクションで失敗して買い手がまったくつかないということは、それはそのままその人の仕事の評価ということになります。それは彼女の服が流行《はや》らないことになり、世の中から消えることを意味しているのです。

ですから、シャネルは**つねに自分を世間の評価にさらしていた**といえます。世間の評価に身をさらしているだけに、つねに「自己客観視」ができていたということもいえるでしょう。芸術家の場合には往々《おうおう》にして自分を客観視するよりも、自己を大きく見て、それを自分の自信にするようなところがあります。シャネルがほかの人、ことに芸術家などについて評価が厳しかったのも、そこに彼女の客観的な視点が入っていたからだともいえます。

第三節　シャネルから学ぶ生き方のスタイル

コンプレックスを武器にする

シャネルを知れば知るほど、その生き方を尊敬してしまいます。

シャネルの生き方を見ると、よくこれほどの激流の中で自分を見失わないで、しかも時代に即応して自分のスタイルをどんどん巨大なものにつくり上げていったと、その意志と知性には惚《ほ》れ惚《ぼ》れするほどです。その意味で驚くべき人物です。

私たちがシャネルから盗みたい技の一つは、彼女自身は言いたくないことであった孤児院出身というコンプレックスを、見事に転換したことです。

どのようなものかは別として、**どんな人にもコンプレックスはあります**。そのコンプレックスを一度別の方向にアレンジすれば、それは**その人の特色になる**かもしれないということです。

たしかにコンプレックスは、心理的には復讐《ふくしゅう》心を持つ方向に向かわせる面があります。その復讐心を個人にぶつけたり、恨みとして**マイナスにするのではなく、ポジティブに転換する**ということです。

シャネルの場合、母親が亡くなり、父親に捨てられたわけですが、父親に対する恨みを一言ももらしたことはありません。彼女の場合、**自分が育った環境に対する復讐心を、これまでの一九世紀的な価値観、美意識というものを標的にしてぶつけた**のです。

復讐心を抱いても、その恨みのエネルギーを個人のような小さな標的に向けるのではなく、より大きいものに向けていくことによって、自分の大きなエネルギーにしていくということです。そこに私たちが学ぶべきコツがあります。

その時にシャネルは、**自分の持っている武器をすべて使います**。たとえば、シャネルは自分で選んだわけではなく修道院の孤児院で育ったのですが、その修道院の生活で得たシンプルな生活の価値観というものを、逆に武器にしてしまいます。多くの人たちが修道院の生活など知らないのですから、世間ではかえってそのことが希少価値になるのです。黒、ベージュ、白というようなシンプルな色使いというのは、シャネルの育った環境から出てきています。

不幸な境遇に育ったことを逆に武器にしてしまう。これも私たちの応用可能な技といえます。

育った環境からつくられた感覚を技にする

たとえば地方出身であることにコンプレックスがあったとしたら、それを逆に自分の武器にしてしまえばいいのです。

私は地方といっても**静岡市出身**で、これといった特色のない地方都市です。しかし考えてみると、**これほど特色がないのはまさに日本的なメンタリティの普遍性を持っていると言える**かもしれない。この特性を生かせばいいのです。

たとえば本を書くときに、「自分は、この日本人的なはっきりしない海の中につかって育ったのだから、この感覚を基準にして、あるツボをつかまえるとベストセラーが書きやすいのではないか」と、いい方向に考えることもできるわけです。

この感覚なら受け入れられそうだとか、これではこれは受け入れられないというのが、だんだんとわかるようになってきます。

そうやってよく調べていくと、**自分の中にいろいろな感覚が染み込んでいるのがわかる**はずです。父親が育った文化であったり、母親が育った文化であったり、あるいは自分が育った地方の文化であったりします。それが何かに気がつけば、どう転換してアレンジすれば、その自分の特色を仕事の場面で使いこなせるかということがわかってくるはずです。

それは**自分の感覚を技にする**ということです。

自分の感覚を技にするためには、そこに自分を客観視できる視点がなければなりません。客観視というと、周りの全体の中で自分がどれだけの力があるかを知るというように、自分を離れて見るというイメージがありますが、そればかりではありません。自分の内側を掘り下げていって、「これは世間に通用するものか」「これはどう使えるか」といった**内側との対話**でもあるのです。

シャネルの場合には、すでに述べたように自分を客観視する視点というのをつねに持っています。だからこそ、彼女が自分自身の感覚を特色として生かしていくことができたのです。

自分を認知させるテクニック

シャネルの場合、周囲の人たち、ことに優れた男性たちに対してですが、教育欲をかき立てるということがあると指摘しました。これも一つの技です。もちろん、シャネル自身が知的で向上心があるからこそ、相手もそう対応するわけです。

シャネルが誰に対しても一貫していることは、「媚びない」ということです。当時は、女性は媚びるというのが一般的だった中で、媚びないという彼女の人間関係のスタイルは、多くの人とつき合っていける一つの技になっていたと思います。

人とつき合うスタンスや好き嫌いがはっきりしていて、距離を近づけさせないところがあります。

たとえ親しくなっても安心できません。彼女の家で友人たちが家族的な雰囲気になって変になれなれしくなると、「もう帰ってくれない」というようなことも平気で言うのです。また仕事にかかると、それに対して集中してしまい、周囲の人間関係などどうでもよくなるようなところもあります。ちょっと、「おいおい」という感じですよね。

そういう点では、シャネルは人から見れば厳しい印象、怖い印象を与えるところがあったでしょう。しかしそのようにスタンスがはっきりしていると、かえって相手からするとつき合いやすいともいえるのです。

シャネルの方から金銭的にねだるとか迷惑をかけるということは一切ありません。むしろ、気前よく出してくれます。男たちにとっては、その性格をのみ込んでしまえば気が楽だったことでしょう。

このシャネルの人間関係から学べることとは、人とつき合う場合の技というのは、**「この人はこういう人なんだ」と認知させてしまう**ということです。

周囲に自分がそういう人間だと認知させてしまえば、周囲の人たちもそういうふうに対してくれます。たとえば、「あいつは酒は飲めないやつだ。でも、それ以外のつき合いは悪くない」と認知させてしまえば、嫌いな酒の場はつき合わずに、ほかの遊びだけはつき合えるわけです。

シャネルの場合、「こういう人間なんだ」と認知された通りに行動するので、とてもわかりやすかったことでしょう。

つき合っていても何をするのか想像がつかない、わからないとなると、やはり相手は不安になるものです。もちろん、わかりにくい面がある程度あるのも魅力的ではありますが、それも限度があります。ですから、こういう人間なんだとわからせるのは、周囲の人たちに安心感を与えます。

個性はさまざまですが、「自分はこういう人間なんだ」と認知させるための技術というのは、人間関係にとってとても大切なものです。

相手のエネルギーの大きさを見極める

シャネルの交友関係は見ればわかりますが、よくこれほど錚々《そうそう》たる人たちが周囲に集まったものだと思えるほどです。教育されることがうまいということと、そういう才能ある人たちとつき合うというのは表裏一体です。

シャネルは、**教養のある人間を重視**しています。彼女にとって、男性的な魅力というのは教養があることとセットなのです。

男性を好きになる場合、教養と関係なく好きになることも多いと思います。しかし、シャネルの場合は教養がなければ好きにならない。また教養があれば、外見はあまり気にならないのです。

シャネルが好きになった、あるいは愛した男性は、みんな才能のある人たちです。

その才能の善《よ》し悪《あ》しをシャネルはどう見極めていたか。一つには、**その人のエネルギー値を見極めていた**のではないかと思います。

口先で大きいことを言っていても、本質的なエネルギーが足りない人は、大きな仕事ができません。シャネル自身がエネルギーがあるので、相手がエネルギーがあるかどうかもよくわかったのだと思います。

そんなシャネルは、ピカソという人間をこんなふうに描いています。

「帽子をかぶったスペイン人。あたしには道化《どうけ》に見えたわ。でも彼の黒い瞳《ひとみ》に見つめられると、金縛りにあったみたいに身動きできなくなった。あたしは顔をそむけたわ。そんなふうに顔をそむける自分が腹立たしかったけど。結局、**彼はあたしをたじろがせたのよ**」（『ココ・シャネル』）

まさにピカソのエネルギーに圧倒されたのではないでしょうか。ピカソを見れば、エネルギーがあるとはどういうことか一目瞭然《いちもくりょうぜん》です。そういうとてつもないエネルギーの塊《かたまり》を見ていると、それが一つの指標になって、それに比べると「ダリはグリーンピース」というような見方になったのでしょう。

シャネルは知性・教養だけでなく、それとともにその人の持っている生命体としてのエネルギー――活力というものも見極めています。

ディアギレフはすでに触れたように、いつもぼろぼろの服を着て、シャネルからもらった物を売ってしまい、その金を賭《か》け事に使ってしまうというハチャメチャな人ですが、舞台に賭ける情熱はすさまじいものがありました。もちろん、その作品で才能を示していますが、自分さえもぼろぼろにしてしまうほどのエネルギッシュな生き方に、シャネルは魅力を感じていたのです。まさにディアギレフはエネルギー値の高い人です。

相手のエネルギー値を見極める力は、本来誰でもが本能的に持っているものです。ただ、その目が狂うのは、たとえばどこの大学出身だから優秀だとか、一流企業の役職者だからエライのだろうといった見方をするからです。そうした見方を外《はず》して、相手と話していれば、本来必ず感じるはずのものです。

エネルギーのある人は、**エネルギーのある人と会うことでさらにエネルギーが出る**ということがあります。逆にエネルギーのない人と会うと、自分のエネルギーまで低下するようなこともあります。

私は**エネルギーの蓋《ふた》が開く**という言い方をするのですが、自分がどういう時にエネルギーの蓋が開くのかということを意識することも大切です。それがわかれば、自分のエネルギーの蓋を開くようにもっていけばいいのです。

シャネルの場合、自分のエネルギーの蓋が開くように、エネルギーが高まるような人とつき合う技を持っていたのです。

世の中と接触しながらスタイルをつくる

シャネルは、アイデアが次々と湧くタイプです。舞台衣装も手がけていますが、何か課題を与えられると、それに対してきっちりとその場でアイデアを出して反応していきます。

シャネルのやり方は、自分の内側だけでじっくりと考えてきて、いきなり世の中に「どうだ！」と出すのではなく、世の中との密接な連携の中で自分が試されながら、そこでスタイルをつくっていくという方法です。つまり、**現実社会との接触をつねに保ちながらやっていく仕事のスタイル**です。

そういう意味では、非常に現実的で健全な成長の仕方です。このようなシャネルの仕事の仕方は、いまの時代でもほとんどの仕事に共通する技といえます。

最近、私は自分でいろいろと仕事をしてみて、わかったことがあります。自分の中で一〇年くらい温めてきて、「これはいける」と思ったテーマをいきなり世の中に出して勝負すると、外すことが多いのです。

なかには、本当にいいものなのにもかかわらず、世間が理解してくれないということもあるかもしれません。しかし、**自分だけで内に閉ざしていると、何かポイントがずれてしまう**ことがあるのです。

逆に、自分がそれまで考えてもいなかったような意外なテーマをぶつけられた時、それがうまい切り口で自分にもたらされ、自分のスタイルで反応してみると、新しい境地が開けたりすることがあります。

シャネルの場合、服の世界だけではなく、香水の世界に切り込んだり、アクセサリーの世界に行ったり、舞台の方に行ったり、映画の衣装に行ったりしています。相手から申し出があった時にシャネルはそれを引き受けて、そこで自分のスタイルで勝負してみるということをやったのです。

当然、自分の中にはある程度、それなりのアイデアなり、能力なりは持っているわけですが、それをただ単に押しつけるのではなく、**相手の申し出に応《こた》える形で自分の**

活動範囲を広げる。そのことによってある種の起爆力が生じて、違う仕事の地平が開けてくるということがあります。

そういう仕事のやり方が健全であって、あまりに自分のフィールドを守ろうとか、自分のテーマを守ろうとするのは、かえって自分の能力なり、自分の世界というものを狭くしてしまうのではないかと思います。

だから、**自分を守ろうとして狭くしない**ことです。

シャネルはいろいろな領域で仕事をしていますが、その仕事のすべてを見ることによって、シャネルらしさというものがかえって一貫して見てとれます。

自分らしさというものは、自分の内側だけで純粋培養しようとしてもなかなかうまくいきません。オープンな構えにして仕事をしていくことで、かえって、自分の一貫性が見えてくるものです。

蓄積の時期の重要さ

人には華やかな時期ばかりがあるわけではありません。エネルギーを高めて発揮するためには、そのエネルギーを貯《た》める時期があります。その時期は非常に重要です。

たとえばそれは一人閉じこもって本を読むとか、自分を見つめるというような時期です。あるいは憧れというものを自分の中で徐々に育てていくような時期です。**夢見る時間**ということもできます。

そうした**沈潜《ちんせん》した時間というのも人生には必要**なのです。

シャネルの場合には、その時代が孤児院の時代であり、はじめてつき合ったバルサンと暮らしていた牧場生活の時期でした。

このような時期は、すでに述べたピカソにも宮沢賢治にもありました。いわば、まだ自分のスタイルができ上がる前の修行時代です。誰でもそういう修行時代はあるものです。

人生において、このような修行時代、夢見る時代というのは、その後の自分を形づくるために非常に大切です。

シャネルは、自分の回想録を何人もの作家に書かせようとしたのですが、存命中には一冊の伝記も回想録も世に出ることはありませんでした。そんなシャネルが自分の人生についてこう語っています。

「**実際にどう生きたかということは大した問題ではない**のです。**大切なのは、どんな**

人生を夢見たかということだけ。なぜって、夢はその人が死んだ後も生き続けるのですから」（『CHANEL』）

まさにシャネルの見た夢は、現代においてもそのモードとして生き続けています。

［シャネル］に学ぶ元気術

①コンプレックスをポジティブに転換してパワーにする

②一人の時間を活用し、自分を客観的に見つめるゆとりを持つ

③自分の育った環境でつくられた感覚を武器として活用する

④自分を認知させることで人間関係をラクにする

第四章　真の天才は量をこなす

［イチロー］　完成された技《わざ》を生み出す集中力のゾーン

イチロー　鈴木一朗（すずきいちろう）

1973〜

少年野球の天才から世界のスーパースターに

誰もが、プロ野球選手の中でイチロー選手を「本物の天才」であると認めるのは、日本プロ野球史上初の７年連続首位打者となり、大リーグでも１年目から首位打者を獲得するというような見事な成績をコンスタントにたたき出しているからです。

彼のバッティングフォームの原型はプロに入る前に、自分の力で獲得したといわれています。そしてフォームをより完成させ、どんなボールに対しても揺るぎない自信を持って海を渡り、大リーガーのパワー野球の中でもその実力を証明しました。若くして高い完成度を得て、日々進化するイチローの技はいかにして鍛えられたのでしょうか。

第一節　イチローの上達の秘密

とにかく大量に仕事をこなす

日本人の天才像というのは、天から与えられた能力で何も努力しないでもすごいことができてしまう、あるいはとてもセンスのいいことが簡単にやれてしまう人というイメージがあります。

日本人は、フランスの詩人ランボー（注16）や芥川竜之介《あくたがわりゅうのすけ》のように、少量の完成度の高い作品を優れたセンスで一見何気《なにげ》なさそうに仕上げてしまう人のことを天才と言いたがります。

（注16）アルチュール・ランボー　一八五四〜一八九一年。象徴派の詩人。一九歳までに『地獄の季節』『酔いどれ船』といった世界文学に大きな影響を与えた詩集を作る。二〇歳を過ぎて文学を捨て、さまざまな職につき、アフリカなど各地を放浪した。

それに対して、大量に練習して能力を発揮する人に対して「天才」という言葉は、あまり使いません。日本人は、量をやると質が落ちると考える傾向があります。

しかしそれは、日本人の思考の弱さなのです。そこには、エネルギーは一定なのだから、たくさんの作品をつくればつくるほど質は落ちていくという思いこみがあります。

しかし本来、真の天才と呼ばれる人たちに共通する特徴は、**仕事を大量にこなせる**ということです。欧米などで天才と言われる人たちは、ほぼ例外なく作品の量が膨大《ぼうだい》です。天才と言われるバルザックもマルクスも、あるいはトルストイでもドストエフスキーでも、書いている量が半端《はんぱ》でなく、とてつもなく膨大です。モーツァルトは若くして死んでいますが、作曲した作品数は大変な数です。ビバルディ、バッハ、ベートーベンもそうです。

作品数が多いということは、**作品をつくること自体が練習になっている**わけなので、練習量が多いということにもなります。しかも、真剣にやった練習量が多いことになります。

量が生み出す質的な変化を武道家の南郷継正《なんごうつぐまさ》（注17）さんという人は弁証法の「**量質**

転化」という論理を使って、それが技の基本だと説明しています。

普通は量が積み重なっても量でしかないから、質的な向上は見られないと考えられますが、実際には逆で、**量の積み重ねがあってこそ、ある時に質的な変化を引き起こす**という考え方です。

これは、私たちの目を開かせてくれる、非常に優れた論理です。

たとえばイチロー選手は数年前のキャンプで、バッティングマシーンでの練習が何時間にもわたったといいます。普通の選手は多くて二〇分から三〇分の練習のところ、イチローは二時間、三時間という、何「時間」という単位です。それをキャンプ中にずっとやり続けることができる。そんなイチローの練習する姿を見て、当時オリックス・ブルーウェーブの仰木彬《おおぎあきら》監督は、「あれだけ練習すれば打てるわ。まぁ、普通の選手はあんな練習はできないがな」と言ったそうです。

それほどの練習をすると、膨大な練習量がそのまま体に染《し》み込む。そこで蓄積される情報量はすごい量になるわけです。

（注17）**南郷継正**　空手道玄和会総帥。社会科学の手法で武道を解析、『武道とは何か』など多くの著作を残す。

日本人はエネルギーは一定だという考えですから、大量に練習をすると本番に力を出せないと思ってしまいます。しかし、**エネルギーというのはお金と違って、出せば出すほどもっと出るようにできている**のです。前日には三〇分で疲れていたものが、次の日には四〇分できるようになり、さらに次の日には五〇分できるようになっていく。そこで、エネルギーはどんどん循環し、湧《わ》いてくる。現実にはそうなっています。だから、芸術家は作品をたくさんつくればつくるほど、次の作品がつくりたくなるのです。

私の場合は論文がそうでした。ある時期、私は論文をたくさん書いた。なぜ、そんなに書くのかと言われたことがありました。習慣になっていたということももちろんありますが、そこには循環があって、一つの論文を書くと、書いている最中に新たにテーマが二、三見つかるのです。

その新たなテーマを、論文にしようと思って書いていると、また二つ、三つ新たなテーマが出てきてしまう。そうすると、「もうどれからやろうか」と迷うほど、テーマがどんどん枝分かれしてしまう。

目前のテーマを書きながら、枝分かれしたテーマについても考えていて、その段階ですでに新たな論文の終わりの段取りまでだいたい見えています。論文を書きながら、次の論文のテーマを見つけ、構想まで立ててしまう。後はもう作業に入ればいい。その循環に入ってしまえば、**論文というのは書けば書くほどテーマが見つかる**ものだ、とわかってくるのです。

ところが書かない人というのは、ずっと一つのテーマの周《まわ》りをグルグルと回って、なかなか書かない。すると、そのまま書けずじまいに終わることにもなってしまいます。

精度のいいもの、完成度の高いものを少しだけ残すことに価値があると考えることは、もうやめるべきです。それは、エネルギーを出し惜しみすることにもなりかねません。

場合によっては大量につくる、たくさんの仕事をするということが、粗製濫造《そせいらんぞう》になってしまうことはあります。しかし、粗製になってしまう人は一つだけをつくってもだめだし、何個つくってもだめな才能なのです。そういう人を基準にして、どんな人でもたくさんつくるとレベルが落ちるという考え方自体がおかしいと思います。

でも多少才能の足りない人でも、**とにかく量をこなし、技《わざ》を身につけることで上達**

していくということは十分にありえます。

真の天才たちの姿を見れば、**天才とはすなわち量をこなせる人**だということがよくわかるはずです。

努力が苦にならない

イチローの場合、野球選手として自分をつくってきた最大のポイントは、小学校三年から中学時代までほとんど毎日続けたというお父さんと行った練習とバッティングセンターの練習にあったのではないかと思います。事実、彼はバッティングセンターがつくった天才だと言われてもいます。

ほかの子どももバッティングセンターには行ったと思います。しかし、毎日、何年もまったく休みなくやった小学生というのは、**日本広しといえどもおそらくイチローだけ**でしょう。お父さんにも、毎日何百球も投げてもらっています。

彼は、その時点ですでに日本で一番バッティング練習量の多い小学生だったわけです。

一流になれるかなれないかを分けるのは、そのことに量的な努力ができるかどうか

です。そしてイチローにしてもバスケットのマイケル・ジョーダンにしても、天才たちはその努力が苦にならない。

なぜ苦にならないかというと、修行、練習が好きだからということ以上に、それがおもしろいと感じるからです。なぜおもしろいかというと、イチローの例で言えば、彼にとっては球との対決が一回一回新鮮だったからです。

普通の選手だったら、「ああ、いまのバッティングは良かった」「いまのは悪かった」の二つに一つしかない。イチローの場合は、一回一回のバッティングで自ら課題を課します。たとえいい当たりで**ヒットになっても、自分の課題がこなせているかどうかの方が問題**なのです。

このように、他の人にはわからない、言葉にできない「**暗黙知**《あんもくち》」の世界の微妙な違いを、すべて意識化ができるようになると、これは飽《あ》きることがありません。

たとえば画家が海を描くのに、青を使ったとしても、その青にはグレードがたくさんあるわけです。その小さな違いの世界を敏感に感じ分けられるようになれば、「あっ、これはちょっと違った青だ」と、いくらでも追求できます。

そういう微妙な差違の世界に没入していければ、どんな人でもあまり飽きないはずです。つまり、**やり続けることに飽きないゾーン**というものがあり、そのゾーンに入れば、やることがおもしろくて仕方がなくなるということです。

天才というのは、自分の領域でそういう世界に到達できる人なのです。

違いがわかるから飽きない

違いがわかるからこそ飽きないのです。そこでやり続けていけば、奥が深くてさらにおもしろくなってしまう。

これは一般的にも言えることです。感覚というのは、最初から言語のようにはっきりと分かれているわけではなく、なだらかに続いています。

ある世界に深く潜《もぐ》り込んで、微細な世界の内側を覗《のぞ》くような感覚を持った人は飽きにくくなります。

そうした内側に入り込む感覚が持てなくて外側から見ているだけだと、スポーツなどでは、自分の体を外側から見ているような感じで、「こういう時には、こうやって右手を動かすんだっけな」というようにしかとらえられません。こういうレベルだと、練習がだんだんと苦痛になります。

自分の内側の感覚と対話をしながら練習できれば、バッティングの場合は、一回一回結果も出てくるので、フィードバックを繰り返すことができます。結果と自分の感覚を照合《しょうごう》できます。

感覚と結果をつねに照らし合わせ、ずれをチェックするような作業ができれば、どのような世界であっても、さらに内側の感覚に潜り込んで敏感に差を感じることができるようになります。こうした**内側の感覚を自分でつかむことがものごとを上達させる一つのコツ**なのです。

内側の感覚に潜り込んでいると、外の人から見ると当人はおそろしく集中しているように見えます。実際に当人は集中しているのですが、無我夢中といってもボーッとした状態ではなく、脳がクリアで一番活性化してうまく働いている状態です。脳波で言うとα《アルファ》波が多く出ているような安定した状態です。つまり、**自覚的でなおかつ集中した状態**なのです。

イチローは何年間も毎日バッティングセンターで練習したといわれていますが、バッティングセンターでの練習は、実際の試合より内側の感覚に入りやすい状態をつくることができたと思います。

実際の試合では、一試合に四打席くらいしか入れないとすると、自分の内側の感覚にばかりは集中できないでしょう。バッターボックスに入れば、その時々でピッチャーが投げてくる球が違うし、試合の途中でピッチャーが代わってしまうこともしばしばあります。こうなると**自分の微妙な差異を感じる**どころではありません。試合というのは、微妙な差異を感じ分けるというのにはおよそ不適当な状況なのです。

同じバッティングセンターでずっと打っていれば、ある程度同じような球がきますし、また自分で機械を調整することもできます。周囲の状況はきわめて安定した状態で、自分の感覚の違いだけに集中することができます。

そこで徹底的に磨《みが》き抜かれた感覚は、一流の職人がものをつくるときに、原料に触れただけでそのできあがりの微妙な差までわかってしまうようなものです。そうした感覚がイチローのいま持っている一番の財産だと思います。

ゴールデンエイジの重要性

イチローのバッティングセンターでの膨大な時間というものは、バッティングに対する感覚の莫大《ばくだい》な蓄積になり、そこで得たものを彼はいまも使っているわけです。

ましてやそれをゴールデンエイジの時期にほぼ毎日やっています。

ゴールデンエイジとは、小学校四年から中学校の最初ぐらいまでの年代のことで、スポーツでは非常に重要な時期とされています。高校や大学から何かのスポーツをはじめた人でも、運動能力があれば、かなり通用するレベルまでいくことはできます。しかし、繊細《せんさい》なボールタッチのような感覚や技は、大きくなってからだとなかなか身につけるのはむずかしいものです。

イチローの場合、そのゴールデンエイジの年代に、自分の内側の感覚をつかむための練習をたくさんしたということです。

単純に試合や勝負の勝った負けたに一喜《いっき》一憂《いちゆう》していてはだめなのです。イチローは、**勝敗や記録にこだわらない**タイプだったということですが、そうした訓練を積み重ねてきたことの一つの現れということもできます。自分の内側の感覚に集中する練習を、父親と二人で、あるいはバッティングセンターでやってきたのです。

自分の中に課題があって、それができたかどうかだけがイチローにとって基準になります。今日は四打数四安打だから最高だったとか、四打数ノーヒットだったから最悪だったとはならないのです。いつも自分のバッティング内容を考えているということです。

テレビで放映された番組（「NHKスペシャルICHIRO2001――大リーガー イチローの新世紀――」二〇〇一年一二月一六日放送）でも、イチロー自身は、四打数一安打だから悪かったとは言っていません。四打数一安打で、一安打以外に残りの三回の失敗があっても、その三回の失敗は自分にとって全然違う二つの種類に分けられると言っています。

そのうち一回は相手が素晴らしくて、完全に相手に負けた、脱帽したというものです。これはヒットにできなくても仕方がない。しかし、残りの二回の打席は完全に自分のミスだと言っています。本来ならば、ヒットにできたボールを自分がミスしてしまっている。それが悔《くや》しくてたまらないという言い方をしています。

だからイチローは、**外側から見た数字ではなくて、自分の中の基準で動いている**わけです。この自分の基準をつくったのが、小学校三年から中学時代までの父親との毎日の練習とバッティングセンターでの練習だったと考えられます。

第二節　いかに集中力を持続できるか

いくらでも練習を続けられるゾーン

「暗黙知」とは、自分で意識化しにくい次元、明確にまだ言葉にされていない次元での違いを知ることです。ある時期にそうした体験を積み込んでおくことは、後になって大変な財産になります。

その「暗黙知」の次元の経験を莫大に積み込んでおくためには、そこに量が必要になります。たとえば音楽であれば、浴びるように音楽を聴いたとか、膨大《ぼうだい》な時間をかけて楽器の練習をするといったことです。

トランペッターの日野皓正《ひのてるまさ》(注18)は、唇から血が出るくらい一日中吹いていたとい

(注18) **日野皓正**　一九四二年〜。ジャズトランペッター。九歳の頃からトランペットを学び、一三歳の頃には米軍キャンプで活動をはじめる。ジャズの名門レーベル〝ブルー・ノート〟と日本人初の契約アーティストとなる。

います。「一日何時間練習したらいいですか」などとたずねるようでは、もうその段階でだめだといいます。自分の唇の方がついていけない、破れるくらいはまり込んでいかないと、ものにならないというわけです。

人には内側の感覚に入り込んでいけると、**いくらでも練習が続けられるゾーン**があります。そのゾーンに入れるかどうかが重要なのです。そのためには量をこなすことしかない。

このゾーンとは、意識が集中している状態の領域です。このゾーンを持っているのが天才の条件です。そして、その持続時間が長いというのも天才の特徴です。凡人でも、一瞬集中するということはありますが、真の天才と呼ばれるような人、その世界で超一流になった人というのは、その集中を延々と続けることができます。

「暗黙知」のレベルに達するには、集中の積み重ねが必要になります。いかに集中を持続できるかというのが、その道で上達できるかできないか、結果を分ける大きな要因になります。

集中力をつける方法

集団で何かをする場合でも同じことがいえます。人気の高かったＴＶ番組「プロジェクトＸ」（ＮＨＫテレビ）でも、プロジェクトには、必ず中心人物がいる。ほかの人たちが次々にまいって倒れていくのに、その人だけは一番忙しいにもかかわらず、倒れないのです。

彼はそのプロジェクトに関して執着心が強く、粘り強いので、寝ても覚めてもそのことを考え続けられる。そのように集中力が持続できるのは、一つの才能だともいえます。

しかしその人にとっては、その集中状態を生み出すためにはどうすればいいかということが、一つの技になって身についているのです。

集中している状態を長く続けられるというのは、あきらかに技術です。

たとえば、子どもは最初は三分しか勉強が続けられない。それを練習して練習して、受験勉強などを経験していくうちに、一時間の試験時間でもほとんど集中できるようになります。大学入試になったら、一時間半でも大丈夫というところまでいけるようになります。

そういうように意識がとばないように集中する状態は、誰でも練習によって引き延ばせるようになります。

同じことを繰り返すのは、集中力をつけるいい方法です。というのは、課題が変化してしまうと、そのたびに新鮮な気持ちになることができ、集中するのも簡単なので訓練にならないからです。

テレビなどは、ある番組に飽きてきたなと思う頃にテーマが変わって違う番組がはじまる。違うテレビ番組になれば、また違う集中がはじまるわけです。それどころか、最近のテレビ番組などは三〇秒と飽きさせないようにつくってあるので、どんな集中力のない人でも見続けられます。だから、テレビは集中力持続の練習にはなりません。

ゲームも同じで、長くやっていても飽きないようにつくられています。だから、子どもがいくらゲームに集中しているように見えても、集中力を自分で長く引き延ばす練習にはなっていないのです。

同じ**映画を長い時間見続ける**というように、その内側に入り込んでいって、その世界を生きるような感じで見るのなら、集中力をつける練習になります。子どもに映画を見せると、はじめのうちは喜んで見ていても、すぐに飽きてよそ見をはじめます。

映画に集中するというのも訓練なのです。

また、**ラジオを聞くにも集中力が必要**です。たとえばラジオで落語を聴いて、その物語を自分のイメージの中で映像化していくことは、集中力の訓練になります。そしてとくに本を読むことは、もっとも集中力を必要とするものだということになります。

天才になるためには、あるいは一つの世界で一流になるためには、まず**集中力を持続させるのを技化《わざか》する**ことが必要なのです。集中力をつければ、何をやらせてもある程度のレベルまではいくようになります。

まねて盗む力と段取り力

イチローの場合、もちろん運動神経が素晴らしく野球がいちばん向いているのですが、ほかのことをやったとしても、一流のレベルに行くことはできたと考えられます。

というのは、イチローの場合には集中力だけでなく、何が課題であるかを見つけ、そのために練習メニューを自分で組む「段取り力」や、上手《うま》い人のやるのを見てポイントを「まねて盗む力」があるからです。

「まねて盗む力」、**課題を自分で設定する「段取り力」**、それをこなすだけの粘り強さがあれば、たいていのことは上達します。

イチローの練習メニューは体操からはじまって、バッティング練習ではまずレフトに流し打って、それからライトに引っ張って打って終わります。この順番はどこへ行っても変わらないそうです。どこの球場に行っても自分の方法を守ることで、コンディションのいかんにかかわらず、自分の身体状態を一定に保つという意味があるのでしょう。

いつも最初にレフトに打っていれば、つねに「最初に打っているレフトの感じ」としてとらえることができます。しかし、今日はライトに引っ張ってからだんだんとレフトに流してみようとなると、最後にレフトに流し打った感覚と、最初にレフトに流し打っていたいつもの感覚とは、身体感覚が微妙に違ってくるでしょう。違う要素が多く入り過ぎると、**自分の内部感覚をつかむためのチェック**になりにくいのです。

今日の自分の調子などを微妙に知りたいという場合には、他の変わる要素をできるだけ少なくしていく必要があります。

素振《すぶ》りが大切なのは、ピッチャーが投げるボールを打つわけではないので、変わる要素が少ないからです。ヤンキースの松井秀喜《まついひでき》も大変な量の素振りをするといわれています。

三冠王に三度なった落合博満《おちあいひろみつ》は、「**結局この世界はバットを振ったもん勝ち**」と言っているそうです。落合は外から見ていると、いかにも練習しないように見えます。周りのチームメイトから見ると、あの程度の練習でプロ野球界であれほどの成績が残せるというのは、本当の天才なのだという評価です。

しかし、その落合が「バットを振ったもん勝ち」と言っているのは、彼は人前で練習をやらないだけなのです。裏ではいかにたくさんバットを振っていたかということでしょう。

イチローもそういうタイプのようです。

高校の野球部の後輩が、「鈴木さんがプロに行けるなら、俺だってプロに行ける」と言ったという話を、愛工大名電高校野球部監督のイチローの恩師である中村豪《なかむらたけし》さんが本の中で書いていました。それほど、練習している姿を人には見せなかったということなのです。

しかし、中村監督がある日イチローの手を見たら血にまみれていたと言い、こうも言っています。

「イチローの練習は、あくまでもマイペースだった。夜一人でランニングをしていたり、夕食後のだんらん中、スッと姿を消し、三十分ほどして、何もなかったような顔でバット振りから戻ってきたりした。それに誰も気づかない」（『イチローに教えたこと、教えられたこと』）

「あの子は決して天才ではない。身を粉《こ》にして、陰で人の二倍も三倍も努力してきたからこそ、結果が出たのだと思う」（『イチローに教えたこと、教えられたこと』）

イチローが人に隠れてどんなに練習をしていたかということです。

なぜ超一流の人は参考になるのか

シンプルなことを大量にできるということです。

集中力のない天才というのは絶対にいません。集中力が非常にあるということです。集中力がないのにすごい仕事をしたという人もいません。

なかには非常に短期的な集中力で、本番だけは集中するけれど後の時間は気が散ってしまうというような人はいます。しかし、こういう人は、たしかに天才的ではあるのですが、そのレベルは本当の超一流ではありません。その練習量の割にはすごいことをしたなという程度にすぎないのです。

私たちが参考にできるのは、こうしたいわばムラのある中途半端な天才的な人ではなく、むしろ超一流の人の方です。

なぜ超一流の人の方が参考にできるかというと、**実は「壁にぶつかる」ことが多いのは、ほどほどに一流の人よりも超一流の人**だからです。

たとえばイチローは、高校野球の時にはすでに五割以上打っています。高校野球の次元ではもう彼にとって壁が低いわけです。しかしプロに入った時には、求められる課題が高いので、そこでまた壁にぶつかる。超一流になるためには、つねに今以上に高い課題をやり続けなければいけないのです。

そうした課題にぶつかった時にどうするかについては、そのレベルは違っていても、私たちと同様だということが言えます。**超一流の人は、そういう苦労をして克服してきた経験が多い**。そこを私たちは参考にできるというわけです。

ところが中途半端に天才的な人というのは、才能だけである程度通じるということがあります。たとえば新庄剛志《しんじょうつよし》などは、運動能力だけで大リーグまで行ってしまったという印象です。その運動能力は、あの野村克也《のむらかつや》前阪神監督さえも惑《まど》わせて、新庄を一度ピッチャーにしようとしたほどです。しかし、そういうタイプは一般の人の参考にはなりません。

第三節　チェックポイントを絞《しぼ》り込め！

練習でチェックポイントを絞り込む

イチローに関して非常に特徴的なところは、チェックポイントが絞られているということです。

イチローは、バッティングする時のポイントを体の中に、二つ持っていると言っています。

「**上半身と下半身にポイントが一点ずつある**んですが、狂いを調整するためには下半身の使い方が重要なんですね。まあ、下半身の動きを具体的に言えば、右足の使い方と踏み込んでいく角度かな。この角度に狂いが生じてしまうと、球をしっかりと捉《とら》えたつもりでも凡打になってしまうんですよ」（『イチロー・インタビュー』）

この二カ所をチェックすれば、自分のフォーム全体をチェックすることになります。

イチローはそういうチェックポイントを絞り込むことに練習時間を相当割《さ》いていると思います。

普通のレベルの選手が、一回一回の打撃の結果というものを気にしているとすれば、イチローの場合は、その結果ではなくて自分の中のフォームをチェックするポイントを固めているのです。

それをずっとやり続けてきてそれがついに完成したのが、一九九九年四月一一日、名古屋ドームの西武戦で九回の打席でセカンドゴロに打ち取られた時です。

イチローは、この時のことをこう語っています。

「最後にセカンドゴロに打ち取られた時には、とてもおかしな感覚にとらわれていたんですね。僕の中のセオリーでは、あの5打席目は絶対にボールを捉えていたんですよ。かなり高い確率でヒットになるはずだったんです。でも、現実にはそれが単なるセカンドゴロになっている。

（中略）明らかに何かが間違っているわけですよ。僕は、すぐに答えを探しました。ファーストに走りこんで行く短い時間に、**自分のイメージに描いたフォームとセカンドゴロになってしまった実際のフォームを重ね合わせ、方程式を解くようにして。**そうしたら、はっきりした解答が見つかったんですよ。こんなにも明確な解答を手に入れたのは、僕の野球人生の中で初めてだった。飛び上がりたいほど、嬉《うれ》しかったですね」（『イチロー・インタビュー』）

この時に、イチローは「**自分が完成した**」と感じたのです。セカンドゴロを打って、イメージと実際のズレの原因がどこにあるかの解答を得たわけです。まさに、イチローにとって重要な事件だったわけです。

重要なことは、イチローがここで大変知的な作業をしていたということです。スポーツと知的な活動を分けるような考え方というのは、もう過去のものです。スポーツにしても勉強にしても、あるいはビジネスにしても、非常に高度なパフォーマンスを生み出す論理というのは基本的に共通するものがあります。

それは、**全体を包括《ほうかつ》するような集約的なチェックポイント**をどうやって見つけ出すかということです。

チェックポイントを絞り込む効用

チェックポイントが一つだけの場合があります。

たとえば、武道で言う**「臍下丹田《せいかたんでん》を感じる」というのは、全体のチェックポイントを一つにする方法**です。お臍《へそ》の下の膨《ふく》らんだところの奥の一点（臍下丹田）を意識することを上達の要諦《ようてい》と考えるわけです。

これにはチェックポイントを絞り込めるというメリットがあります。というのは、プレッシャーがかかった状況では、あちこちの複数のチェックポイントをチェックしていることなどできないからです。

たとえば、一対一の真剣勝負で、生か死か、切るか切られるかという**切羽詰《せっぱつ》まった場面になった時には、本当に意識できることは一つだけ**です。

宮本武蔵《みやもとむさし》は、どうやったら上達できるか、どういう人が強いかと問われた時に、「上から構えて真っ直《す》ぐに振り下ろすのが速い奴《やつ》は強い」というふうに答えたといいます。それは相手をバカにしてそう答えたのではなくて、手練《てだ》れ同士究極の戦いをする時にはそういう状況になるということなのでしょう。多くのことを意識していては間に合わないのです。

宮本武蔵が佐々木小次郎《ささきこじろう》と闘う時に、小次郎の燕返《つばめがえ》しは剣の動きが非常に速いので、それよりも速く一太刀《ひとたち》で決める必要がある。しかも佐々木小次郎の刀は物干《ものほ》し竿《ざお》といわれるような長い刀ですから、小次郎の間合いよりもさらに遠い間合いで一撃にする必要がある。そこで、普通の剣よりは長い、舟の櫂《かい》という武器を選択したわけです。それに対して、**宮本武蔵は戦略をほぼ一点に絞った**ために意識もその一点に統一する。それに対して、佐々木小次郎はさまざまなことを考えていたとします。そうすると、一点だけを突破しようと、そこに全力で振り下ろしてくる武蔵の太刀をかわせなかった。巌流島《がんりゆうじま》の決闘の勝負を分けたのは、案外とチェックポイントの絞り込みの差だったのではないでしょうか。

チェックポイントをつなぎ合わせる

自然体ということを考えてみても、チェックポイントはいくつもあります。

私が、子どもたちにたとえば自然体を教えるとすれば、足の指は開いて床を摑《つか》むように立って、膝《ひざ》は少し緩《ゆる》めて腰を立てて力を入れ、肩胛骨《けんこうこつ》は緩めて目線はどこに置いてなどというように、いくつものチェックポイントを羅列《られつ》します。

打撃のフォームの場合でも、細かく言えば、いくつものチェックポイントがあるのでしょう。しかし、バッターボックスに入って、実際にピッチャーと対峙《たいじ》する時に、そんなふうにたくさんのポイントを一つずつチェックするようなことはできません。チェックポイントを絞り込まなければなりません。

武道においてチェックポイントを臍下丹田に置くというのは、臍下丹田の一点を意識することで、ほかの部分もチェックできるような**通信回路のセンターをつくる**という意味があります。

臍下丹田を意識したからといって、ほかの部分が完璧《かんぺき》だという保証はありません。しかし、練習の時に脚《あし》を開いた感覚と臍下丹田を結びつけるとか、あるいは上半身の感じと臍下丹田を結びつけるというように、練習を重ねることでその回路作りをやっておいたとします。そうすると通信回路のセンターである臍下丹田を意識することで、ほかの感覚がこういう状態だと思い起こすことができるのです。

このように、**複数のチェックポイントのつなぎ合わせがしっかりできていれば、意識するチェックポイントはたとえば臍下丹田の一点だけでもいい**のです。

チェックポイントをシンプルにしていく

イチローの場合、さきほど紹介した一九九九年のシーズンのセカンドゴロによって、自分の感覚が明らかに変わったと言っています。

「試行錯誤の時期はあったけど、再び明かりが灯《とも》らないトンネルの暗闇《くらやみ》に閉じ込められるようなことは、もうないです。それまでは、**分かりかけては消えてしまった感覚が、今では数学の定理のように明確に意識できます**。二度と迷わなくていいわけですから不安に陥ることもないですよ。バッティングのレベルはかなり変わっているはずです」（『イチロー・インタビュー』）

イチローがこう言ったのは、いままで変数だったものが、定数となり、自分のチェックポイントはもうこれだと絞り切れたということです。

このように、チェックポイントを絞り込んでいけることも、外から見ると天才だと見られる人のやり方です。つまり、**どんどんシンプルにしていく**のです。

有名な指揮者のフルトウェングラー（注19）という人は、「偉大な音楽というものに

（注19）ウィルヘルム・フルトウェングラー　一八八六～一九五四年。ドイツの指揮者、作曲家。幼少期から才能を発揮、一九二七年にはウィーン・フィルハーモニー管弦楽団の常任指揮者に就任。一九三三年ベルリン国立歌劇場音楽監督。第二次大戦後、ナチスへの協力を理由に一時追放されるが、一九四七年音楽界に復帰。ベルリンやウィーン、バイロイト音楽祭などで活動を続けた。

は共通性があって、すべてそれはシンプルである」というようなことを言っています。それはシンプルな中に、全体が含み込まれているようなシンプルさがあるという話です。

イチローの例で言えば、野球のピッチャーのボールは複雑なのに、その複雑さに対応できる打撃として、シンプルになるような一点を見つけてしまったということです。しかも、それこそ天の啓示《けいじ》のように偶然にできたのではなく、その**原理を見つけようと試みた**ことこそ、彼の大きな「才能」といえるでしょう。

チェックポイントをグループ分けする

野球の指導に関しては、日本の場合はかなり高度になっています。だから、プロの選手が注意するようなポイントを小学生の頃からすでに注意しています。

イチロー自身、小学校時代の四年間についてこう語っています。

「一番大きな物を与えてくれたんじゃないかな。中学時代よりも、高校時代よりも。**野球に必要な感覚を体に刻《きざ》み込めた**ということですから。ボールを捉える感覚であったり、投げる感覚であったり、捕《と》る感覚であったりするんですけど。父は野球のプロではなく素人《しろうと》だから、逆に良かったんだと思うんです。型にはめられることもなかったし、僕もやりたいようにやれたので。僕なりに、速い球を投げるにはどうしたらいいかとか、遠くに飛ばすにはどうしたらいいかということを考えながらやったので、それが良かったんでしょうね」（『イチロー・インタビュー』）

たしかに、練習の時にはあれもこれも大事というチェックポイントがたくさんあります。大事なチェックポイントを挙げてみろと言われて、挙がらないのは問題です。自分がチェックしなければいけないポイントを考えてみろと言われて、まともなプロ選手だったら、一つの動作において一〇や二〇は挙がるはずです。

どんな仕事でも、これは気をつけなければいけないというチェックポイントはやはり一〇や二〇は挙げられるでしょう。身についてしまったことは忘れるので、普通は意識しないだけです。意識的に思い返してみれば、そのくらい挙げられるはずです。

ただし、このようにチェックポイントを羅列《られつ》して挙げていく、並列的なやり方では、実際にはあまり役立ちません。

たとえばチェックポイントの⑧と⑮はこういう形でつながっているからまとめるというように、**チェックポイントをグループ分け**していく。

すると、一つのポイントを押さえれば、ほかの細かい四つ、五つのポイントがついてくるという構造ができてきます。このような構造化を練習を通じて行うのです。いわば、**チェックポイント同士の関係を構造化する**という方法です。

羅列しているだけではポイントを束《たば》ねることができません。たとえば、バッターボックスに入って瞬間的に反応しなければならない状況で、五つも六つも意識していても、それらをすべてチェックはできないし、だいたいボールに手が出ません。

その時に、チェックポイント同士がつながっている細い糸があるとしたら、それを撚《よ》り合わせて一本の綱みたいにしておく必要があるわけです。

チェックポイント同士をつなぐ撚り糸のようなものがバラバラにあったとすると、それを練習の間に束ね、一本の綱としておけば、その綱を握ることであとの五本はついてくる。そうしていくのが練習の意味なのです。

シンプルな原理に追い込んでいくというのが、ミスをしない確実な、要するに安定したパフォーマンスを上げるためのポイントです。

イチローの練習というのは、そういうチェックポイントの絞り込みの作業といえます。イチロー以外に、いくつものチェックポイントを束ね、一つのチェックポイントへ絞り込むことを、練習の最大の目的にしている選手がどれだけいるか。イチローのように「これが練習だ」と、意識化して語っている人はほとんどいないでしょう。

普通行われている練習というのは、たとえばバントの練習なら、ただひたすら「バント」を練習するだけというように、そのテクニックの向上にのみとらわれています。チェックポイント同士の関係を構造化して絞り込んでいく、**自分にとっての基本感覚に追い込んでいく**、その作業をたとえばバッティングマシーンの打ち込みでやるんだというような意識を持って練習するというのは、かなり意識の進んだ状態です。

いかにしてチェックポイントを多くしすぎず、絞り込むことができるかということが、どんなジャンルにおいても上達のための大前提です。

第四節　信頼関係をパワーにする

感覚を共有してくれる人がいることが大切

一つのことを繰り返してやることを、一人で続けるのはなかなかむずかしいものです。やはり一緒にいて、その**感覚を共有していてくれるような人**が必要です。イチローの場合は、一緒にやってくれる、見てくれる人として父親がいました。一人では単調なバッティングセンターでの練習など、何年も続けることなどできなかったかもしれません。

高度な技術指導はなくとも、**人に見てもらっているだけでもかなり違って**きます。イチローの場合は、父親と一緒に何年間も練習をしてきたのですから、なおさらです。

父親が斜め至近距離からボールを投げて、イチローに打たせるという練習をするようになった時ですが、父親はこう書いています。

「この、ほんの少ししかはなれていない距離からの猛烈なティーバッティングによって、父と息子のきずなが、さらに太くなっていったのです。おたがいにだまっていても、目の動きやしぐさで、何を考えているのか、すべてがわかるようになっていったのでした」（『イチローの少年時代』）

父と子が一緒に練習を続けてきて、お互いに黙っていても、たいていのことは感覚的にわかるようになってきたということです。

「また、このティーバッティングは、三、四年生までは軟球で、五年生から六年生までは硬球でつづけられましたが、イチローの集中力を高めるのに、ずいぶん役に立ちました」（『イチローの少年時代』）とあるように、集中力を高めるのに大きな効果があったとも思われます。

イチローが、いまどんな感覚で打っているのかを、父親は別な人間なのにわかるのです。それは、父親も野球をやっていたせいもありますが、イチローと一緒に練習をやり続けていることで感覚を共有したということでしょう。**感覚を共有するような人が、ある時期にずっと寄り添っていてくれると強い**のです。

いまのイチローなら、もちろん一人でもやっていけるでしょう。しかし、小学校、中学校という時期では、「この感じなんだよな」という感覚を身近にわかってくれる存在が必要なのです。そういう人がいたほうが伸びると言えます。だから普通は、そういう存在を先生に求めたり、親に求めたり、あるいは友達に求めたりするものです。激しいトレーニングをするのに、二人でやればくじけないということもあります。しかしそれよりも、**微妙な感覚を追求している場合、その感覚について語り合えるとか、わかり合える人がいないと、自分が何をやっているのかわからなくなってしまう、そういう消えかかりそうな感覚を追求しているということでもある**のです。だから、身近にその感覚について語り合える人がいるというのは非常にプラスに働きます。

信頼関係がバネになる

イチローにとっての父親は、『巨人の星』の父親の「星一徹《ほしいってつ》式」のスパルタではありません。どちらかというと母親的で、練習には徹底的につき合うけれども、「お姉さんの明子《あきこ》」のような見守り型のタイプです。そこがイチローにとって、とても好条件だったと考えられます。なかなかこういうメンタリティでつき合い切れる男はいません。

このお父さんに関してすごいと思うのは、**イチローの足裏マッサージ**です。イチロー自身がこう言っています。

「トレーニングをはじめて三カ月ぐらい経《た》ったときだったかな、その日も僕はむくれていたんですが、父がそんな僕の足の裏を黙って揉《も》んでくれたんです。結局それも習慣になって、名電高の野球部の合宿に入るまで毎日続けてくれました」（『イチロー・インタビュー』）

足の裏を揉んでもらうというのは、たしかに、非常に気持ちのいいものです。足の裏を揉んで気持ちよくしてくれる人を、とても悪くは思えません。これはおそるべき絆《きずな》です。お父さんは、よくこんな方法を思い立ったと思います。

コミュニケーションがうまくいかない日もある。そういう時には言葉を交わしたくない。しかし、習慣になっている足の裏のマッサージをやってもらっていると、自然に体が信頼関係に身をゆだねてしまうわけです。お互いの絆を強める意味でも、これは画期的な方法です。

しかも小学校の三年から七年間もの間、毎日朝起きた時と寝る前の三〇分というのですから、普通の父親にはとてもまねできないことです。

眠りに入っていく時と眠りから目覚める時というのは、ちょうど潜在意識に働きかけることができる時間帯です。そこに、人に支えられているという信頼感が入り込んでくる。**自分は一人きりではないのだという信頼感が、身体に刷り込まれ**ます。

こうした信頼感は、身体的接触でないと、なかなか伝わらないとも言えます。だから、抱かれないで育った子は、対人関係上に大変な問題を抱《かか》えやすいともいえるのです。身体的な接触が人間に与える安心感には、ものすごく大きなものがあります。

中学生になれば、そんなにスキンシップがなくても大丈夫とはいえますが、イチローの場合、毎日厳しい練習があり、いろいろな不安があって、つねにそれらと闘っているわけです。

天才だけに、新たな課題にどんどんチャレンジしなくてはならない。上には上があるというように次々に要求されます。それだけに天才ほど不安が大きい。それに耐えていく、不安と闘っていくための基本的なパワーというのは、「人に信頼されている」ということであり、信頼できる、身をゆだねられる人がいるということです。**甘えられることが、大きな安心感になってパワーを生む**のです。

言葉のレベルや感情レベルでの安心感であってもいいのですが、**身体のレベルの安**

心感はもっと強力なものです。

父親からのマッサージを受けていると、イチローに言わせると、ウトウトとして気持ちいいということです。毎日のことですから、親の愛情が体の中に染み込んでいくのでしょう。「自分は愛されている」ということが骨身に染みてわかっていくので、イチローが孤独感に苛《さいな》まれたりすることはなかったと思います。

野球の世界での技術的な孤独感はあったかもしれませんが、**つねに自分を一〇〇％愛してくれる人がいる**という安心感が、自分のパワーをすべて発揮するためには大きな力となります。

天才のエネルギーがどこから出るのかといえば、自分の才能を全開させたいという自分の中の動機がまずあります。しかし天才は、それを続けていく時の苦しさの中で、支えになる存在を何か必ず持っているものです。

「感覚を共有できる」「信頼関係がある」存在が、天才の激しい活動を支えているのです。**甘えられる、愛されているということは、大きなエネルギー源**になります。

愛情を支えにパワーアップする

外国のスポーツ選手、たとえばサッカーのベッカムは、「家族のために」とか「家族が支え」というようなことをどこでも言います。

多くのファンの注目を浴びるスポーツ選手は、あらゆるプレッシャーや罵詈雑言《ばりぞうごん》につねにさらされています。だからその中で唯一変わらない地点、安全地帯のようなものが支えとして必要になります。それが家族です。

彼らに子どもが産まれると支えになるものが増えるわけですから、それをバネにパワーアップする人も多いようです。子どもが何か手伝ってくれるわけではないのですが、**自分に守るべき存在ができたことが支えになる**のです。プロ野球選手などは結婚すると成績が落ちるけれど、子どもができると上がるともいわれます。

自分が信頼されている、あるいは愛されていると感じていると、直接は関係ないのですが、仕事の面で炸裂《さくれつ》する。そのことが集中力にもつながります。

といっても、親に愛され、周囲のみんなに愛されても、仕事をしない人もいるでしょう。そういう人は、**愛されることや信頼されることと仕事を結ぶ回路ができていないのです。**

イチローの場合は、長い間、父親と子どもが同じ技術をめぐってコミュニケーションし続けてきたから、イチローの中で、愛されているパワーを技の向上につなげる回路が幼い頃から刷り込まれていったのでしょう。

ところが同じように愛するのでも、たとえば子どもに物を買い与えるような愛し方では、そのことが何かをすることとはまったく結びつきません。むしろ生産的なことなど何もしなくていいところで愛してしまうと、その回路ができません。

イチロー親子の場合は、**父親の愛情が技の向上をめぐるコミュニケーションになっていた、非常に幸福で成功した例**なのです。

感謝を自分のパワーにする

普通は、自分が仕事をするという回路と親の愛情は、なかなかうまくつなげることができません。その回路をつなげられた人は、他人の愛情への感謝の気持ちを自分の技の向上につなげることができるようになります。

イチローの場合、「道具を大事にしろ」という父親のアドバイスがありました。また、高校時代の中村監督も、道具を大事にすることにうるさい人でした。

そういう教育を受けてイチローは、いまでもバットが可哀想《かわいそう》だからロッカールームに置いていけないというようなことをいいます。あるいは、大リーグに来てみんながグローブを投げ出しているのを見て、自分に道具を大事にする癖《くせ》をつけてくれた人に感謝するということをいっています。

それは道具を大切にすることが、彼のパワーの源になるからです。自分の仕事道具を大事にすることは、それをつくってくれた人への感謝につながります。他の人とのつながりを自分の技につなげていくわけです。

イチローの場合は、バットは誰、グローブは誰というように、つくる人が決まっています。彼は直接、そのつくってくれた人を意識してプレーをしているのです。

トップになればなるほど孤独です。誰かを意識してやることによって、その人に支えられているという気持ちを持つことで、孤独ではなくなります。そして、**「この人のためにやろう」と思うことで力が出る**のです。

イチローは、このようなことをいっています。

「僕の性格としては、**評価をしてくれる人に対して応《こた》えたい**というエネルギーがとても大きいんですね。オリックスに入団して一年目、こんなことがありました。どこかの新聞の記者の方が『鈴木一朗という選手は、使い続ければ将来必ず首位打者をとる』という記事を書いてくれたことがあったんです。直接面識はないし、僕はその記者が誰だか分からないんだけど、とにかく『その人を喜ばせたいな』という気持ちがあったんですね。そういう人が一人でもいてくれたことがものすごくうれしくて、それは常にここ（胸）に入れてあったんですね。実際、首位打者になったときに、あの記事を書いてくれた記者のことを真っ先に考えました」（『イチロー・インタビュー』）

一年目といえば、イチローはレギュラーになれず、辛《つら》い時期だったでしょう。将来どうなるかわからないような選手に対して、そういう記事を書くというのは、その記者はいわば危険をかえりみずにイチローに賭《か》けてくれたわけです。もしだめな選手だったら、その人は新聞記者としての目を疑われてしまいます。

だからといって首位打者をとった時に、その新聞記者を真っ先に思い出すというのは、普通はなかなかできないことでしょう。イチローは、自分に期待してくれる人、あるいはお金を払って見に来てくれるファン、そういう人たちの期待に対して応えたいという気持ちが非常に強いのです。

イチローはクールで「マイペース野郎」などと言われているようですが、人との関係で押さえている勘所《かんどころ》がほかの人とは違います。だから、ただベタベタして人と時間を過ごすことが好きではないのでしょう。

イチローの場合、**自分に期待してくれる存在を意識する**だけで、そこに絆が生まれ、深いつながりを持つことができました。

同じように「将来必ず首位打者をとる」と言ってくれている人がいて、それを聞いていたとしても、そのことがエネルギーにならない人もいます。「そんなこと言われても……」という反応になってしまうような人です。

イチローの場合には、そういう**人の言葉を反復して、自分の胸に刻**《きざ》**みつけて**います。その言葉をイメージして、その人に何とか応えたいと思うことで、いろいろな練習にさらにポジティブに取り組む、というように回路をつなげたのです。

人のためにやるから大きなパワーが出る

自分のためにやるということでは、実はあまりパワーが出ないものです。自分とは別のもの、あるいはもっと大きなもののためにやろうと思う時に、人間のパワーはさらに出るものです。

本当に自分というものを大事にしてパワーを発揮したいのなら、逆説的になりますが、自分だけのために頑張ろうではなく、**自分以外のもののために頑張ろうとした方が結果的にはいい**のです。

　このことは、神に感謝するという習慣の少ない日本人にとっては重要なことです。たとえば、二〇〇二年、サッカーのワールドカップ期間中のことですが、ロナウドは、故障から復帰したばかりで不安だったのでしょう、ロッカールームでみんなが楽しく騒いでいるところで、一人だけ祈りはじめたそうです。すると、その場にいた全員が祈りはじめたということです。

　彼らには信仰があるので、自分以外の、勝敗を超えたもっと大切なものがあるということが染《し》み込んでいるのです。だから、ゴールした瞬間に十字を切って神に感謝する。神のように自分を超えた存在がいると信じることができる場合は、比較的、プレッシャーに強いといえます。

　自分以外の「何かのために」と思っている時は、**自分を振り捨てて、どこまでもやり遂げようとするパワーが湧《わ》いてくる**ものです。

　ところが最近の日本では、そういう信仰心のような、自分よりもっと大きなものに対して責任があるという考えは少なくなってきています。結果としてどうしてもパワーに欠け、集中力に劣るところがあります。

二〇〇二年ワールドカップサッカーでの日本対トルコ戦などでは、そのパワーのなさというのが如実《にょじつ》に現れていたのではないでしょうか。

韓国が準決勝まで残ったのは、信仰ではないのですが、自分を超えたものとして、国民全体の期待を背負っていることがパワーにつながったからでしょう。もし、選手が気を抜いたプレーなどしようものなら、町を歩けないような熱気でした。だから韓国の選手の強さは、国民の熱気を背負って集中力を異常に持続したというところにあったと思います。

日本では、かつての高度成長時代、苦難をいとわず突き進んでいくといった仕事のやり方でした。たしかに、そういう猛烈社員のような人はほとんど家庭にいなかったものです。彼らはおそらく、それぞれに**自分以外の「大きなもの」のために努力し、大きな成果を得られた**のだと思います。

なかには信仰心があり、自分を超えた存在を持っている人もいるでしょうが、いま私たち日本人には、そういう存在を持っていない人の方が多いと思います。そういう私たちにとっては、**パワーの源は関係性**だということがいえます。イチローの場合は、それがファンであり、道具をつくってくれる人であり、あるいは家族であるのです。そして、その人たちへの感謝が、すべて自分の技の向上につながっているのです。

憧《あこが》れの気持ちをパワーにする

イチローは、大リーグに対して新鮮な憧れを持っていました。その **「憧れ」の気持ちを技の向上につなげた**ということもあります。イチローの場合、自分はたいていの大リーガーよりもほとんどの技術面で優れているとわかっていたと思います。それでも憧れを持ち、その憧れを、技を向上させる支えにしていたのです。

イチローは一九九九年に基礎固めができて、それがどの程度のものか早くアメリカで実際に試してみたいという気持ちも強かったといいます。

だから憧れるといっても、大リーグに自分にないものがあって、自分に必要なものが足りなくて、それをもらいに行くのではなかったのです。自分に必要とされるすべてのものはだいたい終えたということで、後は自分の最大の長所である順応性をもって勝負すればいいという段階で、彼は海を渡ったのです。

イチローほどの技術があれば、大リーグの中継を見ただけで、たとえば外野守備では自分はもうトップ中のトップだということがわかるでしょう。走塁を見ても、相当いけると。すると後はバッティングで、バッティングも芯《しん》に当てる技術はどうだろう、というように整理して考えれば、大リーグに行っても自分が通用するとわかったと思います。

そのイチローにしても、憧れている選手がいます。メジャーの中でも超一流の選手です。そういう選手はたしかにイチローよりもすごい面を持っていますが、それでも**イチローの憧れ方は、距離感が少年っぽい感じ**です。

たとえば、テレビで大リーガーのカール・リプケンにサインしてもらったユニフォームを、「いやあ、ユニフォームっていうのは数が限られているから、これはすごいことですよ」などと、まるで普通の少年が憧れのスター選手のユニフォームを手に入れたかのように自慢していました。

野球選手でもサッカー選手でも、「目標としている選手はいない」などと言う選手がいます。同じプロの選手の名前を出すのは恥ずかしいという気持ちもあるようですが、やはり**憧れの選手がいるからこそ、自分の技を向上させようという気持ちにつな**

がると、私は思っています。

つねに原点に立ち返る

天才は、どんな人でも驚くほど**新鮮さ**を保っています。天才ですから、およそのこと、自分が属している業界のことは全部わかっているわけです。それにもかかわらず、新鮮さを保っていられるというのが才能なのです。

イチローの場合、その原点はやはり小学校の頃の少年野球でしょう。

二〇〇二年、大リーグがストに突入するかどうかでもめました。そのことをきっかけにしてイチローは打撃不振になりましたが、このことはイチローにとっては、耐えられないほどのストレスになったのではないでしょうか。イチロー自身、新聞で、「ストのことで、自分が野球が好きでたまらないことを再認識した。少年の頃に、あんなに泥だらけになって一日中練習していた楽しい時のことを、このストの期間中何度も思い出した」と言っていました。

それが彼の原点なのです。彼はいま**大リーグの場にいても、つねに少年の頃に野球をしていた時の気持ちを持ち続けてプレーしている**のでしょう。このような新鮮さを持ち続けることも、パワーの源なのです。

原点を持っている、原風景を持っている人の方が強いのです。そういう人は、自分の原点、原風景を、何度も反復して技化しているのです。

大リーガーのシュミットという名選手が引退する時に、ボロボロ泣きながら記者会見している場面を見たことがあります。彼は、子どもの頃に夢見ていた大リーガーになれて活躍できたのが本当に嬉しいと言って大泣きしていました。

まさに彼には、子どもの頃に大リーガーを目指した原風景があったのです。それを反復しながら大リーガーとしてプレーしていたからこそ、頂点に立ち、終わりの瞬間にこういう言葉が出てきたのでしょう。

イチローもたぶん、**いちばん新鮮な源流、その原風景を自分の中に刻みつけて**います。だからこそ彼は、それをパワーに超一流大リーガーとして、いまあの場所に立っているのです。

［イチロー］に学ぶ元気術

①大量に練習をこなすことで、質を飛躍的に高める

②同じことを繰り返し練習して集中力を高める

③自分の状態のチェックポイントを絞り込んでおく

④信頼関係をバネにしてパワーアップする

あとがき

この仕事を終えてみて、天才と言われる人物たちは非常に工夫が上手《うま》いということを改めて強く感じました。いろいろな細かなポイントがあるので、私自身も大変に刺激になりました。この本を読んでくださった方が、天才たちの具体的な工夫に刺激を受けていただければ、著者としてはそれほどうれしいことはありません。

本書で取り上げた人物それぞれが非常に強烈な仕事ぶりなので、どの人も印象に残っていますが、共通してインパクトがあったのは、**天才は量をこなす**ということです。エネルギーの蓋《ふた》を開いて量をこなすというスタイルにおいて、共通していることを改めて実感しました。

たいていの人はやる前に自分の才能を見限ってしまうことが多い。あるいは、やる前に疲れてしまう。「これをやらなきゃいけない、あれをやらなきゃいけない」と考えるだけで脳が疲れてしまいます。

いまの子どもたちを見ていると、とくにそういう傾向が強い。何かを「やってみよう」と言うと、すぐに「いや、無理」「やってもしょうがない」などという言葉が、やる前から出てきます。たとえば、「しこを一〇回踏もう」と言うと、「エェーッ」と言う。たった一〇回で文句を言います。しかし、実際に子どもたちにやらせてみれば、一〇回程度ではたいして疲れません。それが五〇であれ一〇〇であれ、踏めるようになります。やる前から自分自身でブレーキを掛けてしまっているのです。

このように、**自分で自分にブレーキを掛けていては伸びるものも伸びません。**それは、**自分が伸びることを恐れている**ともいえます。エネルギーの蓋が開くことを恐れているのです。

そうした精神的な壁が大きい。たとえば、量的な壁の前に「そんなにできない」と精神的な壁を設けてしまうのです。その壁を取り払い挑戦していけば、量をこなすことはどんどん楽になります。たとえば、普通の選手が一日一〇〇球打つのを、イチローのように一日一〇〇〇球打つというように、単位を変えるくらいの発想の転換をして量をこなしてみようと覚悟を決めてしまうことです。量をこなし続けることで、その世界に習熟していけます。そこから自然に次のアイデアが生まれてきます。**あれこれ言う前にとにかく量をこなしてみよう**というのが、本書のメッセージです。

それは決して無理なことではありません。なぜなら人間のエネルギーは、外に出せば出すほど、また湧《わ》いてくるものだからです。エネルギーを使い切ることに怯《おび》える必要はありません。エネルギーはまた充塡《じゅうてん》されるからです。

チャレンジする前に壁をつくって怯えてしまう人が、子どもたちも含めていまの時代はあきらかに増えています。高度経済成長期にはみんな元気があって、やれば何とか変わるという確信があったのでしょう。

ところが、いまは社会全体を覆《おお》う停滞感の中で自分自身がやる前に限界を見てしまう、ブレーキをかけてしまう傾向が強くなっています。あるいは自分自身を出しすぎると、いじめられるのではという恐れもあるかもしれません。しかし、むしろエネルギーが発散されている人にこそ、みんな魅力を感じるのです。まず、**自分自身にブレーキをかけない**ことです。

自分自身のエネルギーの蓋を開いて、どんどんエネルギーを出してください。エネルギーを出し惜しみしているとエネルギーは消耗するばかりで、かえって元気は出てきません。本書で取り上げているピカソなどを読んでいただければおわかりだと思いますが、エネルギーを出し続けることでさらに強大なエネルギーが出てくるものです。

さあ、天才たちから元気術を学んで、エネルギーの放出を楽しんでみましょう。

齋藤《さいとう》 孝《たかし》

て通常レベルのスピードでは物足りず、「イチロー用特別バネ」が用意される。

1985年　豊山スポーツ少年団が愛知県大会優勝、全国大会へ進出。イチローはエースで4番で出場。

1986年　豊山中学に入学。

1989年　愛工大名電高校へ進学。最終学年での地方大会で7割2分の打率を誇った。

1991年　オリックス・ブルーウェーブへ入団。ドラフト4位指名。

1992年　二軍で河村健一郎コーチと出会う。レギュラー確保。ウェスタンリーグ首位打者獲得。

1993年　一軍と二軍をいったりきたり。二軍コーチの河村健一郎コーチとともに振り子打法完成へ。

1994年　仰木新監督の命で登録名「イチロー」へ。このシーズン一軍へ定着。日本記録210本安打達成。首位打者を獲得し、日本にいる7年間（～2000年）このタイトルを守る。

1995年　阪神・淡路大震災。

1999年　TBSテレビアナウンサーの福島弓子さんと結婚。

2001年　シアトル・マリナーズへ移籍。1番・センターのレギュラーポジションを確保。オールスターに出場。首位打者、盗塁王獲得。

2004年　年間262安打を打ち、84年ぶりにメジャーリーグ記録を更新。首位打者も獲得。

2005年　メジャーリーグ通算1000本安打達成。史上初のデビューから5年連続200本安打突破。年間200本安打100得点30盗塁を5度達成するという記録はメジャーリーグで89年ぶり。

写真提供：共同通信社、AP/WWP

1895年 母病死。オバジンの修道院経営の孤児院に預けられる。

1900年 ムーランにある修道院の寄宿学校に入る。

1903年 上流階級の子弟、エチエンヌ・バルサンと出会い同棲。

1908年 イギリス人の資産家アーサー・カペル（ボイ・カペル）に出会い、彼と一緒にパリに出る。

1910年 パリ、カンボン通り21番地に「シャネル・モード」（婦人専門帽子店）開店。

1912年 フランス北の保養地ドーヴィルにブティックを開く。海浜着、スポーツ・ウェアなどの販売にも乗り出す。

1919年 カペルが自動車事故で死亡。

1920年 フランスのモード雑誌『フェミナ』『ミネルヴァ』でシャネル作品を発表。ドレス、スーツ、スカート丈の短いソワレ、パンタロン、ショート・カット、実用的なポケットを流行させる。

1921年 香水「シャネルNo.5」「シャネルNo.22」を売り出す。（『獅子座の女　シャネル』では、「シャネルNo.5」発表は1924年、「シャネルNo.22」発表は1925年になっている）

1924年 シャネル香水会社を設立。

1929年 世界大恐慌始まる。

1937年 パリの注文婦人服店を閉じる。ナチス・ドイツ将校との関係をとりざたされ、1953年までの14年間、シャネルはファッション界から身を引く。

1953年 シャネル店再開。シャネル復活。翌年2月に第1回コレクションを発表。

1956年 シャネル・スーツがアメリカ女性から火がつき、再び流行しはじめる。

1971年 1月10日、ホテル・リッツで87年の生涯を閉じる。

■イチロー

1973年 愛知県豊山町に生まれる。

1976年 野球をはじめる。父・宣之が右バッターを左へ改造。

1979年 豊山小学校入学。

1982年 小学校3年生のときに豊山スポーツ少年団へ入団。父・宣之も同少年団の監督に就任。毎日バッティングセンターに通う。やがある父・宮沢政次郎、母・イチの長男として生まれる。

1903年（明治36）　花巻川口町立花城尋常高等小学校入学。

1909年（明治42）　県立盛岡中学校に入学。岩手山への登山はじめる。3年生の頃より短歌をつくりはじめる。

1914年（大正3）　中学卒業。この年島地大等編《漢和対照妙法蓮華経》を読み感動。

1915年（大正4）　盛岡高等農林学校に入学。片山正夫『化学本論』を読み感動《漢和対照妙法蓮華経》と並び座右の書となる。

1917年（大正6）　同級生らと同人誌「アザリア」発行。

1920年（大正9）　盛岡高等農林学校研究生修了。田中智学に傾倒、田中の主宰する国柱会に入会。

1921年（大正10）　1月無断出京、自活しつつ童話制作や布教活動に従事するが、8月に帰郷、この年の12月から26年3月まで稗貫農学校教諭。

1922年（大正11）　妹トシ結核で死亡。

1924年（大正13）　詩集『春と修羅』、童話集『注文の多い料理店』を自費刊行。

1926年（大正15）　3月で農学校退職後、羅須地人協会を設立。若い農民たちに農学や芸術論を講義、また無料で肥料設計を行うなど農業指導などに従事する。また、東京にてオルガン、タイプライター、エスペラント語などを習得。

1929年（昭和4）　体調を大きく崩す。さらに軍国主義の台頭により、危険団体視された羅須地人協会は解散に追い込まれる。実家へ戻り、療養生活が始まる。

1931年（昭和6）　回復して東北砕石工場技師として活動。しかし病となり再び実家で療養を始める。11月3日に手帳に《雨ニモマケズ》を書き込む。

1933年（昭和8）　9月21日死去。

■シャネル

1883年　8月20日（シャネル自身は19日と言う）、フランス南西部ソーミュールで生まれる。父は行商人アルベール・シャネル、母ジャンヌ。

年譜

■ピカソ

1881年　10月25日、スペインのマラガで、生まれる。絵画教師の父に幼い頃から絵のてほどきを受ける。
1897年　マドリッドのサン・フェルナンド王立美術学校入学。
1901年　「青の時代」（1901～1904）はじまる。
1904年　パリ・モンマルトルの集合アトリエ「洗濯船」に住みはじめる。「薔薇色の時代」（1904～1906）はじまる。
1908年　「キュビズムの時代」（1908～1915）はじまる。
1912年　「コラージュ」の手法はじまる。マルセル・アンベール（エヴァ）が恋人になる。
1917年　「パラード」の舞台装飾と衣装をてがける。オルガ・コクローヴァと出会う。
1918年　オルガと結婚。「古典主義的作風」の時代（～1922）へ。
1925年　第1回シュルレアリスム展に参加。作品「ダンス」など。
1927年　マリー＝テレーズ・ワルテと出会う。作品「画家とモデル」など。
1936年　ドラ・マールと出会う。作品「ドラ・マールの肖像」など。
1937年　作品「フランコの嘘と夢」「ゲルニカ」など。
1944年　パリ解放直後、フランス共産党に入党。作品「山羊を抱く男」（ブロンズ）など。
1954年　ジャクリーヌ・ロックと出会う。作品「ドラクロワによるアルジェの女たち」連作開始。
1957年　ジャクリーヌ・ロックと生活をはじめる。作品「ベラスケスによる宮廷の侍女たち」連作開始。
1961年　ジャクリーヌ・ロックと結婚。作品「草上の昼餐」など。
1973年　4月8日死去。

■宮沢賢治

1896年（明治29）　岩手県稗貫《ひえぬき》郡花巻町（現、花巻市）の質古着商で

参考文献

第一章　ピカソ
『カーンワイラー』ピエール・アスリーヌ著／天野恒雄訳、みすず書房
『語るピカソ』ブラッサイ著／飯島耕一・大岡信訳、みすず書房
『ピカソ マイ フレンド』ロベルト・オテロ著／谷口江里也・松永登喜子訳、小学館
『ピカソ　天才とその世紀』マリ＝ロール・ベルナダック、ポール・デュ・ブーシェ著／高階秀爾監修、創元社
『ピカソ　剽窃の論理』高階秀爾、筑摩書房
『ピカソとの17年――その芸術・人間・愛』ジュヌヴィエーヴ・ラポルト著／宗左近・田中梓・久富堯介訳、美術公論社
『ピカソ　その生涯と作品』ローランド・ペンローズ著／高階秀爾・八重樫春樹訳、新潮社
『最高の顧客は私自身』ハインツ・ベルググラン著／田部淑子訳、河出書房新社

第二章　宮沢賢治
『修羅の渚　宮沢賢治拾遺』真壁仁、法政大学出版局
『森のゲリラ　宮沢賢治』西成彦、岩波書店
『教師宮沢賢治のしごと』畑山博、小学館
『宮澤賢治物語』竹澤克夫、彩流社
『宮沢賢治　素顔のわが友』佐藤隆房、桜地人館
『校本　宮澤賢治全集』１〜14巻、筑摩書房
『宮沢賢治全集』１〜９巻、筑摩書房

第三章　シャネル
『CHANEL』ジャン・レマリー著／三宅真理訳、美術出版社
『獅子座の女シャネル』ポール・モラン著／秦早穂子訳、文化出版局
『ココ・シャネル』クロード・ドレ著／上田美樹訳、サンリオ
『シャネルの真実』山口昌子、人文書院
『シャネル20世紀のスタイル』秦早穂子、文化出版局
『シャネルの警告　永遠のスタイル』渡辺みどり、講談社

第四章　イチロー
『イチロー・インタビュー』小松成美、新潮社
『イチローの少年時代』鈴木宣之、二見書房
『イチローに教えたこと、教えられたこと』中村豪、日本文芸社
『イチロー素顔の青春』吹上流一郎、ラインブックス
『新編イチロー物語』佐藤健、中公文庫

この作品は、二〇〇三年二月、小社より刊行されました。

齋藤 孝（さいとう・たかし）
一九六〇年、静岡県に生まれる。東京大学法学部卒業。同大学院博士課程を経て、明治大学文学部教授。専攻は教育学、身体論、コミュニケーション論。「斎藤メソッド」という私塾で独自の教育法を実践。主な著書に『声に出して読みたい日本語』（草思社）、『理想の国語教科書 赤版』（文芸春秋）、『原稿用紙10枚を書く力』『人を10分ひきつける話す力』『自己プロデュース力』（以上、大和書房）などがある。

だいわ文庫

天才《てんさい》の読《よ》み方《かた》
究極《きゅうきょく》の元気術《げんきじゅつ》

著者　齋藤《さいとう》 孝《たかし》

二〇〇六年二月一五日第一刷発行

発行者　南 暁
発行所　大和《だいわ》書房
東京都文京区関口一-三三-四 〒一一二-〇〇一四
電話 〇三-三二〇三-四五一一
振替 〇〇一六〇-九-六四二二七

デザイン　鈴木成一デザイン室
装画　辻 和子
編集協力　荒井敏由紀
本文印刷　暁印刷
カバー印刷　山一印刷
製本　ナショナル製本

ISBN4-479-30009-0
乱丁本・落丁本はお取り替えいたします。
http://www.daiwashobo.co.jp